大学は
出会いの場

インターネットによる教授のメッセージと学生の反響

稲場 秀明 編著

大学教育出版

まえがき

　本書は、ホームページ（http://www.e.chiba-u.ac.jp/~inabah/index.html）で公開した「大学は出会いの場」という学生向けのメッセージをもとに、若干の追加と修正をしたもの（第1部）とそれに対する学生諸君からの反響（第2部）をまとめたものである。

　受験生が大学に対して持っている期待は、「大学に入れば花の生活が待っている」というものではなかろうか？　しかし、「花の生活」があるとしても、何もしないで与えられるものでは決してない。それは、学生が自らつかみ取る性質のものだからである。

　大学が高校までと違う点があるとしたら、友達、恋人、勉学、趣味、目標、生き甲斐などに出会える可能性のある場が大きく開けているところである。大学はそういう場を提供するだけであって、何もしてくれない。高校生までの間に与えられることに慣れ、自ら行動したことのない新入生にとっては、ここでまずとまどうことになる。大学に入ること自体が目的になっていて、「大学でしたいこと」を持っていない人にとっては、とりあえず何から行動するかを決めることから始めなければならない。何も行動しなければ、友達も得られず寂しい思いをすることになる。大学が楽しい場所になるかどうか、自分にとって意味のあるものを獲得できるかどうかは自分次第なのである。

　以下に、大学生が意味ある学生生活を送っているかどうかを判定する項目を示してみた。

　　大学生活を楽しんでいるか …………姿勢
　　自分自身をどの程度認めているか ……是認
　　親友といえる友達を持っているか ……友達
　　どの程度勉学の意欲があるか …………意欲
　　自分の目標を持っているか ……………目標
　　親からどの程度自立しているか ………自立

もし、これらの項目の1つでも問題があるとしたら、本文を読み進んでそれを克服するための方法を獲得してもらいたい。また、第2部の「学生からの反響」を読んで、先輩たちがどのようなことで悩み、それをどのようにして克服しつつあるかを知ってもらいたい。

　大学は高校を卒業して社会に出るまでの単なるつなぎの期間ではない。20歳前後の多感な青春時代にしか味わえないものに出会うチャンスである。最近、無気力な若者が増えていると言われている。本人たちは、無気力になりたくてなっているわけではないと思う。いろいろな環境の中でそうならざるを得ない状況が、彼らをそうさせているのだ。しかし、いつまでも環境のせいにしていてもしょうがない。自分の人生である。

　あなたは、自分次第で自分の生き方を変えられるところに立っている。生涯の友、恋人、職業、趣味、目標など、これから長い人生を生きていくために必要ないろいろなものに出会う場が大学であると思うことができ、足を一歩前に踏み出す勇気を持てば状況が一変する。未来が大きく開けてくるのだ。第2部を読み進んだ読者は、そのような例をいくつか発見するであろう。また、本書を読んで、そのような学生が1人でも多く出てくれれば、著者として大きな喜びである。

　本書を出版するにあたり、㈱大学教育出版の佐藤守さんには編集を通して大変お世話になった。また、本書は多くの学生諸君とのつきあい、交流なしにはあり得なかった。特に、千葉大学教育学部中学校教員養成課程理科専攻（情報教育系を含む）、小学校教員養成課程、理科選修の学生諸君および稲場研究室の学生諸君から多くのものを得させてもらった。この場を借りて感謝したい。さらに、本書は第2部の「学生からの反響」の存在によって出版の意味が増したといえる。文章を掲載することを承諾してくれた千葉大学教育学部、埼玉大学工学部の学生諸君に感謝したい。

　本書は、健康上の理由で大学を中退せざるを得なかった次女稲場のぞみに捧げたいと思う。

2003年1月23日　稲場　秀明

大学は出会いの場
——インターネットによる教授のメッセージと学生の反響——

目　次

まえがき　i

第1部　大学は出会いの場 ……… 1

第1章　新入生諸君へ …………………………………… 3
- 1.1　とまどっている君へ　3
- 1.2　高校生の意識から脱皮するためには？　4
- 1.3　自分は何をしたら良いか分からない君へ　5
- 1.4　偏差値にさようならを　6
- 1.5　現在の自分を認めよう　7
- 1.6　職業生活の基礎決定25歳説とは？　8
- 1.7　「出会う」ために必要なこと　10
- 1.8　千葉大学新入生セミナー　11
- 1.9　まとめ　12

第2章　学生生活の過ごし方 …………………………… 16
- 2.1　自分の中の子どもを克服しよう　16
- 2.2　自分を認めよう　17
- 2.3　友達をつくろう　19
- 2.4　恋愛の仕方　22
- 2.5　親からの自立を進めよう　24
- 2.6　スランプに対処する方法とは？　25
- 2.7　時間をどのように使うのか？　26
- 2.8　アルバイトの功罪　29
- 2.9　感性を活性化させるには？　30
- 2.10　まとめ　32

第3章　どのように学ぶのか？ ………………………… 35
- 3.1　学びたいものをどのように発見するのか？　35
- 3.2　大学で勉学する意味は？　36
- 3.3　学問とはどんなものか？　37
- 3.4　授業の受け方　39
- 3.5　レポートの書き方　41

3.6　情報の取得と活用の仕方　　*43*
　　　3.7　図書館の活用の仕方　　*45*
　　　3.8　読書の仕方　　*46*
　　　3.9　忘れない方法　　*48*
　　　3.10　頭の良くなる方法　　*49*
　　　3.11　卒論の研究室の選び方　　*52*
　　　3.12　卒論と出会うこと　　*53*
　　　3.13　まとめ　　*57*

第4章　将来の進路をどのように見つけるのか？ ················*61*
　　　4.1　就職難の社会と大学生の進路　　*61*
　　　4.2　進学か就職か？　　*62*
　　　4.3　自分探しはなるべく学生時代に　　*64*
　　　4.4　進路の見つけ方　　*65*
　　　4.5　フリーターは職業か？　　*70*
　　　4.6　就職試験における面接　　*72*
　　　4.7　まとめ　　*74*

第5章　どのような生き方を選ぶのか？ ························*77*
　　　5.1　楽をするのか、楽しくするのか？　　*77*
　　　5.2　世の中は"ギブアンドテイク"で　　*79*
　　　5.3　ユーモアのすすめ　　*80*
　　　5.4　頑張らない生き方　　*82*
　　　5.5　新しい自分の発見　　*85*
　　　5.6　人は変われるか？　　*88*
　　　5.7　爽やかな人とは？　　*91*
　　　5.8　成功とは？　　*93*
　　　5.9　まとめ　　*94*

第2部　学生からの反響　　*97*

第1章　新しい大学生活に出会う ······························*98*
　　　1.1　1年生TKさん　　*98*
　　　1.2　1年生YKさん　　*99*

1．3　1年生 ER さん　　*100*
　　　1．4　1年生 MI さん　　*101*
　　　1．5　1年生 SM さん　　*102*
　　　1．6　1年生 TK さん　　*103*
　　　1．7　2年生 SK さん　　*104*
　　　1．8　2年生 SH さん　　*106*
　　　1．9　2年生 HR さん　　*107*

第2章　自分自身に出会う………………………………………*109*
　　　2．1　1年生 NS さん　　*109*
　　　2．2　1年生 MD さん　　*110*
　　　2．3　2年生 SM さん　　*111*
　　　2．4　2年生 ST さん　　*112*
　　　2．5　3年生 AT 君　　*114*
　　　2．6　3年生 HM さん　　*115*

第3章　友達に出会う………………………………………*118*
　　　3．1　1年生 SK さん　　*118*
　　　3．2　1年生 HR さん　　*119*
　　　3．3　1年生 TK さん　　*120*
　　　3．4　1年生 TE さん　　*122*
　　　3．5　1年生 SR さん　　*123*
　　　3．6　2年生 MG さん　　*125*
　　　3．7　3年生 EJ 君　　*126*

第4章　恋人に出会う………………………………………*129*
　　　4．1　1年生 YR さん　　*129*
　　　4．2　1年生 YK さん　　*130*
　　　4．3　1年生 HY さん　　*131*
　　　4．4　1年生 SH さん　　*131*
　　　4．5　1年生 TH 君　　*132*
　　　4．6　1年生 SY さん　　*133*
　　　4．7　1年生 AN さん　　*134*
　　　4．8　1年生 MH さん　　*135*

4．9　3年生MH君　*137*

第5章　自分の生活に出会う……………………………………………*138*

5．1　1年生KYさん　*138*

5．2　1年生NZさん　*139*

5．3　1年生YKさん　*139*

5．4　4年生YMさん　*140*

第6章　アルバイトに出会う……………………………………………*142*

6．1　2年生MDさん　*142*

6．2　2年生AKさん　*144*

6．3　3年生YS君　*145*

第7章　サークルに出会う………………………………………………*148*

7．1　1年生AH君　*148*

7．2　1年生AYさん　*149*

7．3　1年生MMさん　*150*

7．4　3年生KH君　*151*

7．5　3年生MA君　*152*

第8章　学びたいものに出会う…………………………………………*157*

8．1　1年生YH君　*157*

8．2　2年生SMさん　*158*

8．3　4年生TYさん　*160*

第9章　進路に出会う……………………………………………………*162*

9．1　1年生SMさん　*162*

9．2　3年生TR君　*163*

9．3　3年生ST君　*164*

9．4　3年生TA君　*166*

9．5　3年生RKさん　*168*

9．6　4年生SR君　*169*

第10章　自分の生き方に出会う ……………………………………………… *172*

  10.1　1年生YUさん　*172*
  10.2　1年生ERさん　*174*
  10.3　1年生MWさん　*175*
  10.4　1年生RKさん　*176*
  10.5　1年生YH君　*177*
  10.6　2年生EMさん　*179*
  10.7　3年生MH君　*180*
  10.8　3年生AS君　*181*
  10.9　4年生KRさん　*184*

 あとがき　*187*

第1部

大学は出会いの場

大学というところは「出会い」の場である。大学は自由なところであって、自分から何もしなければ何も与えてくれない。しかし、大学はいろいろな「出会い」の機会を与えてくれる場である。「出会い」とは、友達、恋人、教師……人との「出会い」がまず考えられる。生涯つき合える友人などは、学生時代を除けばなかなか得にくいものである。社会に出てからでは人間関係に利害がからむことが多いからである。

　ところが「出会っていても出会えない」という問題がある。ただ人に会ったというだけでは「出会い」を経験したことにはならない。自分にとって意味のある「出会い」とは何か？　それはその人の生き方を変え、具体的にその人の毎日の生活と行動を変える力を持つもので、多くの場合喜びを伴ったものである。「出会う」ためには、それを可能にする自分の側の条件を満たしておく必要がある。例えば生涯の伴侶といえる人に出会ったとしても、まだ自分が未熟であったら相手は自分のことを好ましいと思ってくれないかもしれない。自分の方でも、自分に自信がなければ積極的に相手とつき合う気持ちになれないだろう。「出会う」ためには、何かを待つだけではなく、自分の側から何かを発信し、他者に働きかけていく態度が求められている。また、他者から働きかけを受けたとき、それに答えるものが自分の中になければならない。

　「出会い」の対象は人だけではなく、学問、研究、書物、思想、職業、趣味など、今後の人生を歩むための大切な事柄への「出会い」もある。先輩が紹介してくれた１冊の本によって、その後の人生が大きく変わったということもあるだろうし、サークルで獲得した趣味がその後の人生の楽しみの大切な要素になったということもあるだろう。また、学問や趣味を通して人に出会うこともある。「出会い」を求めて、足を一歩前に踏み出す勇気が求められている。「出会い」を経験して、皆さんが豊かな学生生活を送って欲しいと願うものである。

第1章 新入生諸君へ

1.1 とまどっている君へ

「大学は自由なところであって、自分から何もしなければ何も与えてくれない。これからは自分から主体的に行動していろいろなものに出会うことだよ」といわれても、田舎から東京へ出てきたばかりで、人づき合いが下手で、どんなふうにして友達をつくったら良いか分からないし、授業もどんな科目をとったら良いかも分からない。……そういう人がいるかもしれない。過去の私がそうであったように。

そういう人には、サークルに入ってみることを勧める。入学前後からサークルの勧誘があるでしょう。自分が好ましいと思えるサークルを1つ選んで入ってみることだ。幸いにも上級生が誘ってくれるから自分は選ぶだけで良い。同時に2つ入る人もいるが、常にどちらを主にしようかと迷うからやはり1つが良い。かなり後になって入る人もいるが、その場合、人間関係ができあがってきているので、入りづらく感じるだろう。サークルに入ったらある程度はまってみるのがよい。はまらないとその良さが分からないものである。サークルで出会いがあるかもしれないし、もちろん授業の取り方を教えてくれる先輩は必ず見つかるだろう。

サークルとは別に、クラスの人間関係も大切にした方が良い。将来、実験、演習、卒論などがあり、学年の後になるほどクラスの人間関係が重要になってくる。クラス単位で、飲み会はもちろん、旅行にでかけたり、クラスがサークルのような役割をしている場合もある。

また、学部学科などによっては「新入生セミナー」を合宿形式でやっているところもある。そういう場は、友達をつくる良い機会でもあるし、教員を知る機会、授業の受け方などを知る機会ともなる。

1.2 高校生の意識から脱皮するためには？

新入生にとっては高校生の意識からの脱皮が強く求められている。なすべきことが与えられる生活から自分で選択する自由な生活へ、親や教師に依存した在り方から自分で決定する独立した存在へと脱皮することが求められている。

そのためには、どうしたらよいか？　1つには、大学生活を自分の意志で決定することである。何時に寝て何時に起きるということから始まる日常の生活を自分で決め、自分で実行することである。中には自分で朝起きられなくて下宿先まで親から電話で毎朝起こしてもらっている人もいるようである。

2つ目は、親への依存を最小限に抑えることである。日本では学費の大部分を親に頼ることが多いが、外国では半分程度は本人が負担している。最初からアルバイトをして学費や生活費を稼ぐというのはかなり無理があろう。問題は精神的に親から自立できるかどうかである。最近、若者が幼稚化してきたと言われる。その一番の原因は親離れができないということがある。親からの距離の置き方が大学生にとっての大きなテーマの1つとなる。

3つ目は、授業科目の決定を様々な情報を考えに入れて自分で行うことである。高校までは授業のメニューが決められていて、限られた範囲で選択科目を選べば良かった。大学では何が必須科目かをきちんと把握することから始まって、多くの選択科目から自分に必要なものを選ばねばならない。その場合、授業案内（シラバス）だけでは判断できず、先生の評判、授業のやり方、評価の仕方などに関する情報入手が必要となる。友達や先輩の存在が貴重となる場面である。

4つ目は、アルバイト、サークルの選択である。アルバイトやサークル活動の中で大学生でしか味わえない貴重な体験をすることがある。大学生活全体を

通して自分の意志に沿ったバランスのとれたものになっているかどうかを判断し、決定していかねばならない。

いずれにしても高校生から大学生へとすでにステップをしたのである。高校生の意識からの脱皮が強く求められている。なすべきことが与えられる生活から自分で選択する自由な生活へ、親や教師に依存した在り方から自分で決定する独立した存在へと脱皮することが求められている。自立した生活、授業選択、アルバイト、サークル選択など、全体としてバランスのとれた生活となるように意志決定が求められる。

1．3　自分は何をしたら良いか分からない君へ

「自分という人間がどういう人間であるか分からない。自分は何をしたら良いか分からない」という若者が増えている。大学に入ってはみたが、「自分は今ここにいて良いのだろうか？」と迷いながら過ごしている人も多いかもしれない。目の前にある「むずかしい数学」をやっていて「将来何の役に立つのだろうか、そもそも自分はどうして大学にいるのだろうか」と反問している人もいるかもしれない。

そういう人には、「大学にいる間に目標を見つければ良い」と言いたい。社会に出るとそんなことを考える余裕もなく「今」の仕事に追われるのである。大学生は、「今」のことに追われることなく、楽しみながら「遠く」を見ることができる立場にある。目の前のことにとらわれ過ぎずに「遠く」を見て、将来の自分を考えて欲しいものである。もし、将来の目標が見つかれば、数学をやる意味が出てくるかもしれないし、数学をやめて別のことを見つけることになるかもしれない。

とりあえず、サークルやクラスで友達を見つけることである。友達を得ることが目標を発見する近道でもある。友人との「出会い」を通して、目標を発見するということがあり得るし、目標を発見するための方法が見つかることもある。大きな目標が見つからなくても、自分でできる小さな目標を見いだすこと

である。例えば、「教師」という職業に関心があれば家庭教師や塾のアルバイトをしてみる、社会福祉に関心があればボランティアのサークルに入るなどの方法である。たとえ小さなものでも目標を発見し、それに向かって行動することによって、自分の足りないところ、自分がどういう人間であるかが見えてくる。自分の課題が見えてくる。課題に取り組むことによって毎日が生き生きとしてくる。それは、言葉を換えれば「生活の中に新しい自分を発見する」ということである。そうなると夢中で1日1日が過ぎて行く。毎日がとても楽しくなる。そういう「出会い」を経験した人は、日々に新しい自分を発見し、今後の人生を生き抜いていく基礎を獲得するのである。気がついてみたら卒業のときには大きな自信を持って歩き始めているのである。

1.4 偏差値にさようならを

「自分はどうせ頭が良くないからこの程度の大学しか入れなかった」とか「センター入試で失敗さえしていなかったら今頃はあの大学にいただろうに」とかいう意識を持っている人はいないだろうか？ そういう意識を引きずって大学生活を送るとしたら問題である。そういう思考方法が自分の行動を制限し、将来のいろいろな可能性を制限することになる。確かに大学に対する世の中の評価はある。しかし、東大に入っても落ちこぼれていく人は結構いるし、高校卒でも社会で立派に活躍している人はたくさんいる。「偏差値的意識にさようなら」をして、自分が自分らしく生きる方法を考えようではないか！ 大学生活を送れる境遇を感謝し、それを利用すべきではないか！

自分の考え方次第で楽しく大学生活を送れるし、今後、社会で活躍するための土台を作れるのである。「何をすれば良いか分からない」などということをいっていないで、自分がやりたいことを見つけるための行動を起こせばよいではないか！ その行動とは前にも述べたように自分ができる小さいことで良いのだ。偏差値を基準に行動していた考え方を捨てて、自分の可能性を追求することを始めればよい！ まずは友達をつくることである。友達との出会いが、

偏差値的価値観を変えてくれるであろう。大学4年間はそういう気持ちで送れば、十分長い。時間は十分ある。自分次第で大きく飛躍することができるのである。

1.5　現在の自分を認めよう

　第1志望でないところにきてしまった、何となく入ってしまった……そう思って何となくすっきりしていない人はいないだろうか？　「何となく」とか「こんなはずではない」とかいう気持ちを引きずって過ごすことが問題なのである。それでは大学生活がうまくいかない。現在の自分を認めて初めて大学生活を充実させ、楽しんで過ごすことができるのである。「何となく」とか「こんなはずではない」とかいう気持ち……入学した以上、入学することを決断した以上、そういううじうじした気持ちを捨てることである。もしどうしても、他大学や他の学部に行きたいなら再受験の決断をすることである。最近は、転学部、転学科を条件付きで認めるケースも多くなっている。学部の事務や教員に相談してみるのも良い。この場所でやるにしろ、進路変更をするにしろ、自分の決断を認めることである。

　大学では何をしてもよいし、何もしなくてもよい。誰もなすべきことを命令しない。そういう自由があるのが大学の特徴である。その代わりに、自分が何もしなければ大学は何もしてくれない。何かをすること、何もしないことの責任も自分で負わねばならない。

　将来の目標は明確ではないが、とりあえず大学生活を経験してみてその後の行動を決定をするというのも1つの考え方である。そのためにまず必要なのは、この大学のこの学部で学生生活を過ごすという自分の意志を確認することである。自分が現在の自分自身を認め、好きになることが生きる力の原動力である。自分が自分自身を認められなければ他人はあなたを認められるはずがない。現在の自分自身を認めることによって初めて勉学、交友などの学生としての生活に前向きに取り組むことができるのである。

1.6 職業生活の基礎決定25歳説とは？

　人の性格が3歳までにほぼ決まってしまうといわれるのと同様に、大学にいる数年間プラスアルファの過ごし方によって、今後の在り方が決まると考えられる。最近、修士まで進む割合が増えているが、それまでの過ごし方が決定的に重要である。

　まだ20歳そこそこの大学生の時代に何かを掴み、それをその後の生活に生かしていく意味は非常に大きい。アルバイトという立場でしか経験できないこともあるだろう。学生時代だからこそ許される失敗もある。卒業研究の実験では失敗の山の上に築かれる中で何かを掴む。恋愛をし、失恋することもいい経験になるであろう。そういう意味では大学生の時代にしかできないことがある。また、新しいことに挑戦し、夢中に取り組んでいるうちに気がついてみたら、新しい自分を発見していたということもあるだろう。人間は簡単に変わるものではないが、大学生の時代に獲得した自分の中の新しい1割は、今後の人生の中で大きな意味を持つことになるだろう。いろいろなことにチャレンジし、「出会い」を経験し、新しい自分を発見して欲しいものである。

職業生活の基礎

　もう1つ強調したい点は、この大学にいる数年間プラスアルファの過ごし方によって、何10年もの職業生活の在り方が決まってしまうのだ。私は自分の体験から「25歳で職業生活の基礎がほぼ決まる」という説を展開している。25歳という年齢はほぼ修士卒の年齢で、学部卒の場合は就職して2年程度である。最近、修士まで進む割合が増えているが、それまでの過ごし方が決定的に重要である。

　私は、応用化学の修士を出て、ブリヂストンに入ったが、ブリヂストンの研究所でつくづく感じたのは、「自分は応用化学の修士を出たんだ」ということ

であった。たくさんの新入社員の中で、学部卒と修士卒、応用化学卒と応用物理卒がかくも違うものだとは思わなかった。知らず知らずのうちに身についたものの大きさを感じざるを得なかった。自分では大したことではないと思った修士論文にしても、学部卒の人は全く経験していないわけで、自分にとって無意識のうちに獲得したものが自分を支えていたのだと思われた。

私は、何回も転職したため専門領域をそのたびごとに変えざるを得なかったが、そういう自分を支えたのは、修士論文でどういうことをやったということではなくて、修士のときに経験した「困難に対処する方法とそれに負けない精神的な強さ」であったといえる。

大学にいる数年間に職業生活の基礎が決まるということは、何も専門領域のことだけでない。社会に出て役立つのは個々の知識ではなくて、考え方の方法とか、分からなかったときの調べ方とか、対人関係の処し方などである。これは授業だけを受けて身につくものではなく、卒論や修論での経験、サークルやアルバイトなどそれ以外の生活の中で得るものが大きい。

そういう意味で大学生に望みたいのは、「大学にいる数年間に『出会い』を経験し、何か1つ自分なりのものを掴んで、小さな自信をもって卒業して欲しい」ということである。最近では、入学したときに自分自身を子どもと考えている大学生がほとんどのようである。しかし、最近は就職が非常に厳しい。子どものままで卒業した人を社会は欲しがらない。大学生の間にいろいろなことに出会い、人間としても成熟することが求められている。私は川崎製鉄において中間管理職を11年やった経験があるが、小さな自信をもって入社したと考えられる新入社員が仕事の中でいろいろ挑戦し、小さな成功を得て、どんどん伸びていくのを数多く見てきた。小さい成功が自信を生み、その自信が次の挑戦への気概を育てるのである。

1.7　「出会う」ために必要なこと

　「出会う」ために必要なことをここで考えてみよう。「出会う」ということは、他人と交わって大きな刺激を受けるということである。したがって、自分の中に閉じこもっていたとしたらとうてい「出会う」ことはできない。

1) まず他人の中に出て行こうとする気持ちが必要である。その際に必要なことは現在の自分とその立っている場をとりあえず自分が認めることである。現在自分が立っている場を認められないとしたら、他人へと向かうその土台がふらつくことになる。このように自分自身とのつき合い方がまず見直されなければならない。認め切れない自分があるとしても、それを必要以上に気にしないで、他者のところに出て行くことが望まれる。

2) 実際に他人の中に出て行くことを実行に移すことが必要である。その際、意外とうまく友達ができたという体験をすることもあるし、他人とつき合ってみて自分の嫌なところが見えてきて嫌になった、という経験をすることもある。しかし、「自分の嫌なところが見えてきた」というのは大きな進歩である。「自分の嫌なところを直していく」か「その欠点をそれほど気にしないで他の長所を伸ばそう」とすることに繋がれば、それはすでに「出会い」を経験していることになるといえる。恋愛をして「自分の嫌なところ」が見え、涙ぐましい努力をしてそれを直そうとすることがあるのは「出会い」の効果である。このように他者へと向かうことは自分の内側へと問いが返ってくることでもある。それを深めていくことが「新しい自分」を発見するために必要なプロセスである。認め切れない自分を抱えつつ友達とつき合っているとしたら、そういう自分をその友達に話してみることもよいかもしれない。

3) 自分の周囲に自分が模範にしたいような人を探す。その人の考え方や行動をよく観察してその人の真似をすることも1つのやり方である。その人は先輩であっても後輩であっても教員であってもよい。1人の人のすべてが模範

にできるわけではないので、ある人のこの側面、別の人の別の側面という形で構わない。それは他人とのつき合い方であったり、自己表現の仕方であったり、何か分からないときの調べ方であったりする。自分で一生懸命考えて、在り方、方向、進路などを考えるのは難しいが、他人の真似をするのは比較的簡単である。その人の真似がある程度身についてきたら、自分なりの工夫をしていけばよいのである。多くの場合、創造的発明発見の前には、先人からの模倣と数限りない試行錯誤があるのである。

1.8 千葉大学新入生セミナー

千葉大学教育学部理科教室では、小学校教員養成課程、中学校教員養成課程の新入生のうち「理科」を主な教科として選択した（人によっては第2志望もある）学生を対象に1999年度から新入生セミナーを行うことにした。入学して間もない4月の土日に1泊2日で房総半島南端の館山にある臨海実習所に学生約40名（先輩学生数名を含む）と教官数名で実施している。全学で新入生に対する導入セミナーの必要性の声が高まり、必須科目化する流れの中でこのような形での新入生セミナーが決まった。学生にとっては「何で休みの日を潰して館山まで行かねばならないの？」という不満の気持ちで出発する人が多かったようだ。それでもバスで出発する頃は、座席が近くの人と自己紹介し合ったり、なごやかな雰囲気になる。臨海実習所に着くと、教官から「大学4年間を過ごすためのガイダンス」が始まる。大学とはどういうところか、教育学部とは、理科とは、などなどである。それは講義方式だけでなく、海岸を散歩しながら植物の説明、動物の説明、地形や岩石の説明などが入る。理科には、物理、化学、生物、地学とそれぞれの分野の専門家がいる強みである。学生は海岸に打ち上げられていたサメに触ったりして遊びながら、これから始まる学生生活に思いをはせるのである。そのうち自己紹介が行われると、各自自己ＰＲよろしく語り、時々歓声があがる。やはり4年間を一緒に過ごす仲間と教官がいると思うせいか、上手に自分をアピールしておきたいと思うようだ。夕食は皆が

協力し合ってカレーライスを作る。今まであまり話さなかった人とも一緒に作業をすることによって打ち解けていくようだ。夜はコンパと自由時間である。翌朝は各教科の紹介であるが、私は「化学」の紹介はほどほどにして「大学は出会いの場」という話をする。

　以下は参加した新入生の感想文からの抜粋である。「海浜植物や海の生物を解説つきで見たのが印象的だった。サメやなまこに触り貴重な体験をした……理科に親しみを感じた」「教育心理が第一志望で、理科の合宿に参加するのがとてもおっくうであったが、先生や先輩の話しを聞いているうちに理科でやってみようかなと思うようになった」「自分は理科以外の志望なので、先生や先輩から責められているように感じた。今までいい子ちゃんでい過ぎたので自分なりに反発し、自己主張してみたいと思う。この一年悩むかもしれない。でも友達ができたのは良かった」「先生や先輩がとても身近に感じた……先生と一緒にコンパをやるのは驚きだったし、自分たちに話しかけてくれることは意外だった」「女の子の自分が夜遅くまで男の子と話すということは今まで考えられないことだった」「参加するのはとてもおっくうであったが、友達ができて今は良かったと考えている。特に皆でカレーライスを作ったのが良かった」「皆で話しをした後で夜の海に散歩したのが印象的だった。とてもいい思い出になった」

　このように、肯定的な感想が多くを占めた。教官と学生との距離感が近くなり、学生の顔と名前をかなり覚えたのも大きい。その後学内で顔を合わせたときでも声をかけるようになっている。学生の方でも、新入生セミナーで知り合った友達関係がその後も続いていることが多いようだ。

1.9　まとめ

(1) 大学は「出会い」の場

　大学は自由なところであって、自分から何もしなければ何も与えてくれない。しかし、大学は「出会い」の場である。「出会い」とは、友達、恋人、教師な

ど人との「出会い」がある。ところがただ人に会ったというだけでは「出会い」を経験したことにはならない。意味のある「出会い」とはその人の生き方を変え、具体的にその人の毎日の生活と行動を変える力を持つものである。「出会う」ためには、求めて、足を一歩前に踏み出す勇気が求められている。「出会い」の対象は人だけではなく、学問、研究、書物、思想、職業、趣味、など、今後の人生を歩むための大切な事柄への「出会い」もある。

(2) 目標の発見

「自分という人間がどういう人間であるか分からない。自分は何をしたら良いか分からない」という若者が増えている。そういう中で、「出会い」の経験が大きな意味を持ってくる。友人や学問、思想、趣味などとの「出会い」を通して、自分の目標を発見するということが起きてくる。目標を発見することによって、自分の足りないところ、自分がどういう人間であるかが見えてくる。課題が見えてくる。課題に取り組むことによって毎日が生き生きとしてくる。それは、「生活の中に新しい自分を発見する」ことである。そういう「出会い」を経験した人は、今後の人生を生き抜いていく基礎を獲得するのである。

(3) 高校生からの脱皮

新入生にとっては高校生の意識からの脱皮が強く求められている。なすべきことが与えられる生活から自分で選択する自由な生活へ、親や教師に依存した在り方から自分で決定する独立した存在へと脱皮することが求められている。自立した生活、授業選択、アルバイト、サークル選択など、全体としてバランスのとれた生活となるように意志決定が求められる。

(4) 偏差値にさようならを

「自分はどうせ頭が良くないからこの程度の大学しか入れなかった」という意識を持って大学生活を送るとしたら問題である。「偏差値的意識にさようなら」をして、自分が自分らしく生きる方法を考えようではないか！　大学生活を送れる境遇を感謝し、それを利用すべきである。自分の考え方さえ変えれば

楽しく大学生活を送れる。「何をすれば良いか分からない」などということをいっていないで、小さいことでよいから自分がやりたいことを見つけるための行動を起こしてみよう。まずは、友達を見つけることである。大学4年間はそういう気持ちで送れば十分長い。自分次第で大きく飛躍することができるのである。

(5) 自分を認めること

第1志望でないところにきてしまった、何となく入ってしまった……入学した以上、入学することを決断した以上、そういううじうじした気持ちを捨てることである。そういう気持ちを引きずっていると今の生活に打ち込むことができずすべてが中途半端になってしまうのである。また自分の欠点を気にし過ぎることはやめた方がよい。それでは大学生活がうまくいかない。現在の自分を認めて初めて大学生活を充実させ、楽しんで過ごすことができるのである。

(6) 職業生活の基礎決定25歳説

人の性格が3歳までにほぼ決まってしまうのと同様に、大学にいる数年間プラスアルファの過ごし方によって、何10年もの職業生活の在り方が決まると考えられる。最近、修士まで進む割合が増えているが、それまでの過ごし方が決定的に重要である。知らず知らずのうちに身についたものの大きさを思うべきである。それは、専門領域のことだけでない。社会に出て役立つのは個々の知識ではなくて、考え方の方法とか、分からなかったときの調べ方とか、対人関係の処し方などである。そのためには、大学にいる間に「出会い」を経験し、自分なりのものを掴んで卒業することである。小さい成功が自信を生み、その自信が次の挑戦への気概を育てるのである。

(7)「出会う」ために必要なこと

1) まず他人の中に出て行こうとする気持ちが必要である。そのためには、現在の自分とその立っている場を自分自身が認めることである。
2) 実際に他人の中に出てみることが必要である。その際、自分の嫌なところ

が見えてきて嫌になることもある。しかし、それは大きな進歩である。「自分の嫌なところを直していく」か「その欠点をそれほど気にせず他の長所を伸ばそう」とすることに繋がればそれはすでに「出会い」を経験していることになるといえる。

3）自分の周囲に自分が模範にしたいような人を探してその人の真似をする。その人の真似がある程度身についてきたら、自分なりの工夫をしていけばよいのである。創造的発明発見の前には、多くの場合、先人からの模倣と数限りない試行錯誤があるのである。

第2章　学生生活の過ごし方

　大学というところは自由なところであって、「出会い」の機会を与えてくれる場である。大学は20歳前後の若い男女が集まっている場である。誰しもが友達を必要としている。「出会い」がない方がおかしいといえる。ところが、「自分は今何をしたら良いか分からない」という学生が増えている。どこに問題があるのだろうか？　どうすれば「出会い」を経験し、新しい自分を発見することができるのだろうか？　そのためには、「出会い」を内側から阻害する若者の意識から探ってみる必要がある。

2．1　自分の中の子どもを克服しよう

　最近、アダルトチャイルドとかアダルトチルドレンという言葉を耳にするようになった。「子どもの意識を持ったままの大人」が増えているということである。そういう存在は、親からの愛情に対する飢え、親からの過干渉や価値観の押しつけなどにより、心に傷を持ち、親離れができないことが背景にあるようだ。アダルトチャイルドとまでいかなくても若者の成熟が年々遅れ、未成熟な大人が増えつつある。

　大学生に関する複数のアンケート調査でも「自分は子どもだと思う」とか「自分に癒しが必要だと思う」と答えている人が60％程度あるという。私が担当している複数の講義（教育学部2、3年生主体）の中で、自分をどのように思っているかを学生に問うたところ、

80％程度が自分を子どもだと思っている方に手を挙げ、自分を大人だと思う方に手を挙げたのはわずか10％程度であった。新入生約40名に同じ問いをしたところ自分を大人だと思う方に手を挙げたのはわずか1人であった。それは、豊かさと過保護な環境で育ったために生じた社会現象であるといえる。そういう若者にとって、「大学は自由な場で、あらゆる『出会い』の場が用意されている。これからは、自分がすべてを決めていくのだよ」と言われてもとまどうのかもしれない。しかし、自分の人生である。今の機会を逃したら、一生誰かに依存して生きていくか、そういう人が見つからなくて、問題を内に抱えたまま過ごすことになる。大学生という立場は失敗してもそれを大目に見てもらえる。自分で考え自分で行動することを思いきってやってみようではないか！慣れないことをやるには勇気が要るが、今求められているのは、一歩前に踏み出す勇気である。

　大学生にとって不幸なことに、就職はとても厳しい。就職のことを考えると、大学生の間に将来の設計を考え、そのための備えをしなければならない。そのためには、「今さえ良ければ」ということは言っておれなくなる。自分の中に「内なる子ども」を深く抱えていては就職はおぼつかなくなる。子どもには、純真で好奇心に富み、将来が楽しみな肯定的な要素があるが、ここでの「内なる子ども」とは1人で立つことができず、誰かに依存しないと生きていけない部分を指している。大学生が、就職の厳しさに備えることは、「内なる子ども」を克服し、成熟する良いチャンスでもある。

2.2　自分を認めよう

　どうしたら現在の自分を認め、そこから出発することができるのだろうか？……これは極めて難しい問いである。しかし、何とかその問題を解決しなくてはすべてがうまくいかない。あせらずにじっくり取り組むことが必要である。
　まず自分を見つめ、周囲を見回してみることである。人間は孤独な存在である。人間は1人で生まれ、最終的には1人で死なねばならない存在である。孤

独な自分、ありのままの自分を認めることである。人間は現在のありのままの状態から出発するしかない。そこから出発して周囲の友人を見ると、他人も自分と同じような存在であることに気がつく。他人も自分と同じように自分をなかなか認められず悩んでいる孤独な存在であることを考えれば気が楽になる。必要以上に自分を人に良く見られようという気を起こさないで、ありのままの自分を出してみることである。構えないで、ありのままの自分を出せる人は、ありのままの他人を受け入れることができる。

　他人によく思われようと自分をとりつくろっていると、周りの人も自分も疲れてしまう。楽しいときは楽しい、つらいときはつらいと言えば良いのである。その方が周りの人はあなたに親近感を持つようになる。そうしたら彼らは何かとあなたの力になってくれるであろう。

　集団の中にはいろんな人がいる。常に皆のリード役をする人、それについている人、周辺にいる人、集団に入りそこなった人……。そのような中で、自分に合いそうな人を見つけて思い切って自分から声をかけてみると意外にうまくいく。たいていの場合、人は他人から声を掛けられるとうれしいものである。友達とつき合っているうちに、友達を通して自分が客観的に見えてくる。友達との関係の中で、自分の感情を表現しているうちに、リアルな自己と向き合うことが可能となる。友達とのつき合いが自己の成熟の助けとなる。そういう意味で私たちは必ず他者を必要としているということができる。

　どんな立派に見える人でも必ず問題を抱えている。自分の中にある欠点を自分の一部と認めれば気が楽になる。欠点も含めて自分を認め、自分を好きになることである。自分を好きになれば、他人とのつき合いがスムーズにできるようになり、自信を持つことに繋がる。たとえつき合いの中で失敗があっても、次にうまくやるために良い経験をしたと思うことである。欠点を気にするより、長所を伸ばすことを考えた方がよい。

　他人とのつき合いが苦手だ、自分自身ではどうにもならないと思ったら大学の保健センターや学生相談室に行き、カウンセリングを受けるのも1つの有力な方法である。自分の問題を他人に話すことによって自分を客観化し、自分を見つめ直す機会となる。場合によっては、医師の診断を受けることによって問

題が解決の方向に向かうこともある。多くの場合、親との関係を問い直すことが特に重要である。親離れできないことが問題の根にあるからである。自分を見つめ直すことによって、自分の中にある「内なる子ども」を克服し、孤独を苦にせず、他者へと向かう力を得ることも可能となる。

　私の場合は、富山県で高校までを過ごし、横浜国大に入学したので、大学で知り合いは誰1人としていなかった。ある混声合唱のサークルに入ったがなかなか溶け込めなかった。とてもなごやかで楽しいサークルであったが、皆が楽しそうにすればするほど孤独を感じた。人が孤独を感じるのは、ただ1人でいるからではなくて、人間集団から離れて1人ですねているとか、優しくして欲しい相手から冷たくされたとか、信頼していた人に裏切られたときとか、失恋したときなどに強く感ずるものである。そのときの私は「あいつらはくだらんことを言い合って楽しそうにしているが、おれはもっと高級な考えを持っている」と自分を慰めていた。しかし、「その考えは違う」という内からの声が聞こえてきて悩みの日が続いた。私は皆の中に入れない自分が認められなかったのである。

2.3　友達をつくろう

　大学生にとって友達は大きな財産である。生涯つき合える友達は、学生時代を除けばなかなか得にくいものである。社会に出てからでは人間関係に利害がからむことが多いからである。学生時代こそ損得抜きでつき合うことができ、親友を得る機会に恵まれている。
　クラス、サークルなどの集団の中に入って行くことが、友達をつくる近道である。それでは、どうすれば集団の中に入って行けるのか？
1) 孤独を苦にしないこと。すべての人はただ1人で生まれ、ただ1人で死んでいく。人は、皆寂しがりやで孤独であることを理解することが必要である。孤独を苦にしない人が他者を思いやり、集団の中に入って行くことができ

るのである。孤独を恐れていると、人に合わせて自分をとりつくろうことが多くなり、不自然な自分を演ずることになる。
2) ある程度バカになれること。皆が楽しそうにしているのを外から眺めていると、バカバカしいことに興じているように見えるものである。ところが、人間誰しもそんなに立派なものではない。思いきって一緒に参加する方がはるかに楽しく過ごせる。阿波踊りではないが、「同じ阿呆ならバカになって一緒に振る舞う」ことである。
3) 構えないでありのままの自分をさらけ出すことである。楽しいときは楽しい、つらいときはつらいと言えば良いのである。誰かが声を掛けてくれるのを待つのではなく、自分の方から人の中に入って行くとよい。初めは誰か合いそうな人を1人見つければよい。集団には後ろからくっついて行く気持ちならば気が楽である。少し慣れてくれば、誰かが誘ってくれるのを待つのではなく、自分が誘う方になれば良いのである。

　大学が同じ、年齢もほぼ同じ、境遇もほぼ同じで、お互いが友達を必要としているのだから友達ができない方がおかしいともいえる。出身、目指すもの、趣味など違うものもあるが、そういう異質な点は友達としてむしろ適当な刺激になる。ただ、相手との境遇の違いが大きい場合は関係の取り方に困難を感ずることもあるだろう。サークルやアルバイト先などで年上の人とつき合うのは苦手という人も多い。新入生にとっては4年生の先輩というと、ずっと上で遠い存在のように感ずるものである。しかし、自分が4年生になってみると、新入生との差はそれほど感じないものである。年上の人には、初めは「何でも教えてもらう」気持ちというか求める姿勢で接したら良い。その人の中に尊敬できるところがあれば、求める姿勢は自然なものになるだろう。少し慣れてくれば、年上の人という敬意は持ちつつも、同じ人間として、同年の友達と同じように接したら良い。相手はそのようにしてくれた方が嬉しく感じ、親しみがわいてくるものである。もともと3年程度の年の差は大したものではないからである。たとえ20歳も年が離れていても、人間として通じ合うものがあれば、誰でもその人との交流を嬉しく感ずるものである。

　親友とは、「精神的な個人主権の侵害を許容できる人間関係」であると誰か

が言っていた。こういう深い人間関係が最近希薄になりつつある。しかし、人間は一人一人孤独であると同時に他者なしには生きることはできない。お互いを理解し合うことによって深い共感が得られるし、自分とは違った意見はとても参考になる。人間は自分自身を分かっているようで、一番分かっていない存在であると言ってもよい。自分のことを理解しつつ鋭く自分の問題点を指摘してくれる友達を必要としているといえる。そのような友達をありがたいと思わねばならない。

　しかし、どちらかまたは両方が自立していない場合、あるいはそうでなくてもそういう友達の存在がうっとうしくなる場合がある。深入りし過ぎることによって一方的に相手によりかかったり、過剰に干渉してまずい関係になることもある。お互いの遠慮も必要というか、ほどほどの距離を保つ賢さも必要といえる。そういう意味では、「親友とは、お互いに独立した個性を尊重し、適当な距離を保ちながら、精神的な個人主権の侵害をある程度許し合える人間関係」であると言った方がよいかもしれない。親友とは一緒にいるだけで気が休まるものである。特に言葉を交わさなくても何か通じ合うものがある。それは、今までのつき合いの中で分かりあってきたものを持っているからといえる。

　また、親友とは、志しているものが同じで、実力も同程度であることが多い。そうでないと、どちらかが一方的に頼る関係になるし、お互いに得るものが少ないからである。そういう意味では、「親友とはライバル同士」という側面もある。いい意味でライバルを持つということは素晴らしいことである。ライバルに負けまいという気持ちが自分の持っている潜在的な力を引き出すことも多い。そういう意味では、親友とは安心して何でも話せる気楽さがある一方で、ある種の緊張関係があることも大切な要素だと言えるかもしれない。また、ライバル意識とは別の面でお互いに自分にない良さを相手に感じられる場合は好ましい関係を築く要素になる。

　自分が主な生活の場としているクラス、サークル、研究室で良い人間関係を確保することが大学生活を円滑に過ごす近道である。しかし、そういう場に自分にとって嫌いな人、苦手な人も必ずいるものである。そういう人から逃げるのではなく、適当な距離を保ち、ほどほどにつき合う賢さも必要となる。そう

いうもろもろの経験が、将来職場で人間関係をつくっていく場合に役立つのである。

2.4　恋愛の仕方

　恋愛することによって、相手に気に入られたいと思い、向上心を燃やすこともあるだろう。また、失恋することによって心に傷を負い、失意のうちに日々を過ごす人もいれば、逆に人間としてたくましくなる人もいるだろう。恋愛は誰でも一度はしてみたいと思ってはいると思うが、なかなか思うに任せないものである。男にとって女心はなぞの部分が多いし、女にとって男心はなぞの部分が多いものである。

　恋愛は一対一の関係なので、のっぴきならない深い関係にならざるを得ない面がある。「恋は盲目」といわれるように、恋愛は人を夢中にさせ溺れさせる面がある。それも最近では、ほどほどのつき合いというか、恋人と友達の中間みたいな関係が増えているようだ。お互いに深入りすることを避けて、深く話し合うことをしない。感性的に合う合わないを判断することが多いようである。また傷つくことを恐れて、恋愛したいけどできない人も増えているという。

　恋愛は1人の男性と1人の女性との間で成立するものである。1人の人間として、孤独を味わったことのない人間がどのように他人を愛することができるだろうか？　他人を思いやる経験をほとんどしていないでどのように他人を愛することができるのだろうか？　自分が傷つくことを恐れて生活してきた人がどのように他人を愛することができるのだろうか？　孤独を恐れる人は、恋愛がうまくいかなくなると、多少不満足な点があっても別の人を求め、つき合うことを始めやすい。それが新たな問題の出発点になることがよくある。そのときこそ孤独に耐えることが必要で、人間的に大きく成長する可能性が生ずるのだ。

　ある調査によると、性体験のある学生は男子で57％、女子で44％という数字が出ている。若者の性意識が近年著しく変化した。以前は、性経験を「恥ず

かしい」と思う人が多かったが、最近では「楽しい」と肯定的に見る学生が増えている。女性雑誌が「セックスできれいになる」特集号を出すと売れ行きが増えるそうである。婚約はしていないが、家族公認で宿泊を伴った旅行に堂々と行くこともあるようだ。「一晩彼女を貸してください」と母親に頼み込みOKをもらうケースもある。それで婚約、結婚になるかというと必ずしもそうではない。つき合っていくうちに相手のいろいろの面が見えてきて、これでは一緒にやって行けないということになる。別れがやってきて寂しさのゆえに、別の相手を求めることになる。

　最近、私の周辺の学生でも妊娠したから結婚するとか、そのような例をいくつか耳にするようになってきた。普通は、卒業、結婚、妊娠という順序だが、妊娠が最初で、卒業と結婚が後でということになる。私は「それは順序が逆だ」といっているが、既成事実を前にその言葉には迫力がない。結婚できる状況ならまだいいが、子どもをおろすとなると、女性の側に大きな傷を残すことになる。また、最近プレ結婚というか、試しに結婚してみるのが増えているそうである。一度試しに結婚してみて、失敗を経験する。失敗の経験を生かして二度目はうまくやっているケースが増えているという。この例のように、人間として成熟していないために相手との関係がうまくいかない場合が多い。

　このように、恋愛する人は、人間としての成熟度が問われることになる。恋愛する人は、孤独であることを苦にしない人でなければならない。そうでないと、相手に依存することになりうまくいかなくなる。別れたときに、寂しさのあまり不本意な相手とつき合うことになったりする。2人の関係を育てる中で共に成長し、変わり合っていく関係を育てるような恋愛が望ましい。そのためには、お互いに自分を出し合い、相手から逃げ出さないことが必要である。親友を持ち、集団の中に入り込み、「出会い」を経験した人ほどそのようなチャンスに巡り合う確率が高いであろう。

　私は、学生時代にちぐはぐな恋をしたものである。こちらが一生懸命のときは相手が冷たかったし、相手が一生懸命のときはこちらがその気になれなかった。ちぐはぐな恋というのは、お互いに求めてはいながら、少なくとも一方が

相手と向き合おうとせず、気持ちの上で逃げているのだと思う。そんなときは、自分の方からちぐはぐな局面を打開しようとはせず、その一端を相手のせいにしようとする意識が働いている。相手から逃げている間は愛を育てることはできない。その結果として別れがくるのである。

2.5 親からの自立を進めよう

　高校から大学への移行過程の中で、1つの大きな変化は親との距離の変化である。親元を離れて1人暮らしをする人はそれだけでも大きな意味がある。最近若者が幼稚化しているといわれるが、その原因は親離れができないということである。親からの自立を今進めておくことが、大学生活を充実させる近道であり、良い親子関係を継続していく道でもある。親の方では、自分の子どもが大学でちゃんとやっているかどうか気になるらしい。千葉大学教育学部では後援会という名の実質的な父母会がある。その会で親たちと話していると、「就職の厳しさをもっと教えてやって欲しい」とか、「成績を親にも送って欲しい」とかいう要望が出た。それだけ今の大学生が自立できていないというか、親の干渉が大きいというか、そういう時代なのだと感じた。

　事情が許せば、1人暮らしをすることが自立を進める近道である。1人暮らしにより買い物、食事、掃除、洗濯などの日常生活を自分でやらなければならない。ゴミを出すことから始まって、風邪などの病気を自力で治す、押し売りへの応対、近隣との関係など自分で処理しなければならないことも多い。具体的に日常生活を自分でやる中で自立への道を歩み始めるのである。1人暮らしをすることにより孤独を味わい、自分を見つめる機会が増え、親からの自立が進む。親からの自立ができて初めて距離をおいて親を見ることができ、親に感謝する気持ちになれるのである。かくして、「かわいい子には旅させろ」の格言は生きているのである。これは、単に自宅通学か1人暮らしかという物理的な問題にとどまらない。自宅通学であっても自宅を下宿のようなものとして捉え、自分のことはなるべく自分でやり、親との距離を適当に保つことにより親

離れすることも不可能ではない。たいていの場合はそれは非常に困難であるが、親と話し合い、自分のことは自分でやる、親は子どもに干渉しないなど一種の契約を結ぶのも1つのやり方であろう。

現代は、親が一般に高学歴であり、大学の事情も分かっているので干渉が起きやすい。特に母親が子どもの世話をいつまでもしたがる傾向が強いので子どもが自立するのが困難である。しかし、大学時代こそ親から自立する絶好のチャンスである。

私の場合は、親から離れて横浜で1人暮らしをした。親は大学を出ていなかったので、大学生活がどのようなものか分からず、私に対して干渉すべくもなかった。経済的には大部分を親に頼っているのに、背伸びをし、生意気にも自分では大人の気分であった。

2.6 スランプに対処する方法とは？

現代社会では、真面目な人ほど精神的に落ち込みやすいといわれる。悩むということはとても人間的なことである。悩みをバネにして人間は成長すると言ってもよい。しかし、それも程度問題で落ち込み過ぎて自分自身を制御できなくなる場合もある。落ち込みやすい人は白黒をはっきりしないと気が済まない人が多い。「こうあるべきだ」という自分の理想にこだわるために、現実とのギャップに悩むことになる。少しチャランポランなくらいに楽に考える方がスランプに陥ることが少ない。例えば「卒論発表」という目前の課題と自分の現実（思うような結果が出ていない）とのギャップに悩み、ストレスから逃れたいという心理と、逃れられないという理性の間で葛藤するうちに、身体が思うように動かなくなる場合がある。このように、身体の健康と精神の健康とは極めて密接に関係している。症状が比較的重い場合は、一時的に「卒論発表」を忘れて気分転換することである。「人生は長い、1年ぐらい遅れても、どうということはない」と割り切って、スポーツをするとか何か自分にとって楽しみな

ことをすれば、回復は早いであろう。楽しみとスポーツはスランプの良薬である。少し元気が出てきた場合でも、今ぶつかっている難しい問題に取り組むのはやめた方が良い。やはり卒論は大変だとため息をつくはめになる。むしろ、自分がとりあえずできそうな簡単なことをやってみることである。今までとったデータを表やグラフにしてみるだけでも良い。それをやっているうちに気分が良くなり少し難しいこともやってみようという気になってくる。

大学は自由であるために、スランプになって授業に出てこなくなっても誰も咎める人はいない。アルバイトの方は収入がなくなるので、スランプでもそれまで辞めることはあまりない。それで、「アルバイトはやっているが、大学には出てこない」ということが起きてくる。しかし、大学に出てこないと友達との関係も疎遠になり、ますます大学に出てきづらくなる。そういうときは、「たとえ授業に出なくても、アルバイトをやる元気があるのなら大学には出てくる」ことを勧めたい。友達と会うことが元気を取り戻すきっかけとなることが多いからである。

スランプに対処する方法は小さな達成感を大切にすることである。相撲取りが黒星ばかりでスランプに陥った場合に「白星が最大の薬」という。特に精神的に落ち込みやすい人は「こうあるべきだ」という理想にこだわることをやめて、少しずつ前進することを楽しむことである。100ページの膨大な論文でも1日1ページ書けば100日でできあがるのである。30分時間があれば、その分やればそれだけ進むのである。何事も前向きに生きておれば楽しく過ごすことができ、スランプに陥ることはない。スポーツと笑いと小さな前進は落ち込みやすい人にとっての良薬である。

2.7　時間をどのように使うのか？

すべての人に等しく1日24時間が与えられている。これは他人から借りることもできなければお金で買うこともできない。自分で時間をいかに管理し、活用するかが問われている。時間を活用するとは、四六時中忙しく動き回ること

ではない。むしろ、無駄な時間を減らし、時間を有効に活用してゆとりの時間を生み出すことである。楽しむ時間を創り出すことである。人生楽しまなければ何のために生きているか分からない。

　ではどうしたら無駄な時間を減らすことができるのだろうか？　それには自分の1日の時間の過ごし方を分析し、無駄な時間がないかチェックすることである。そうすると何も有効なことをしていない空白の時間帯が必ず見つかる。問題は空白の時間帯がすべて無駄かどうかである。それはお茶を飲みながらボーッとしている時間であったりする。ボーッとしている時間もときには必要なのである。どんな時間でもその人にとって必要ならば無駄な時間ではない。無駄な時間を省く目的は、その人にとって無意味な時間を意味のある時間に変えることである。

　その人にとって意味のある時間とは何か。その問いにきちんと答えるためには、その人の生き方の目標がはっきりしていることが必要である。時間管理の目標は、目先の雑用などに追われて自分のやりたいことができないでいるなら、時間をやりくりし、浮いた時間を創り出して、自分のやりたいことに使うためにあるのである。自分のやりたいことへの情熱が強ければ強いだけ時間の有効活用への力が強く働くのである。

　では具体的にどのように無駄な時間を発見し、時間を有効に活用することができるのであろうか？　それにはまず1日の計画を立てることである。朝起きてさて今日は何をしようかな、と考えているようではいつのまにか30分ぐらいはすぐたってしまう。今日やることが頭の中にある人でもそれを明確に意識していなければ着手までに時間がかかるのである。私は前日までに今日やることを手帳に書いておく。手帳に書くということは、今日これとこれをやるという自分自身に対する宣言なのである。その内容を朝の通勤電車の中で確認するのである。幕張から大学のある西千葉まで電車で8分ぐらいしかないが、その程度の時間で確認は十分できる。手帳に書くということは、手と目を通して今日の自分の行動を脳に刻み込むことになるのである。そうすると、スムーズに活動がスタートする。

　有効な時間の使い方は、同時に2つ以上のことをやることである。自動車を

運転しながら英会話のテープを流しておく、電車に乗っている間に読書をするとか来週の旅行の計画を立てるなどはその気にさえなれば簡単にできる。人間は移動にかなりの時間を使っている。満員電車に揺られてその時間をただ耐えているのは愉快ではないが、来週または来月の計画を頭の中で練るだけでもその時間を有効に過ごすことができる。そのとき、手帳を取り出して書き込みをすれば具体性が出てきてさらに良い。

　また同質の仕事をまとめてやれば時間を有効に活用できる。コピー、電話連絡、手紙書きなどを思いつくごとに手当たり次第にやる人がいるが、これらはまとめてやった方が能率が良い。人間の集中力には限界がある。したがって、時間を区切って仕事をすることである。違う仕事をすることで、気分転換にもなるからである。

　私の時間管理の基本は計画である。まず、年末に年間計画を立てる。来年にやりたい項目を並べ、それが実現可能かどうかをチェックする。例えば、著書のテーマ、論文のテーマを列挙、学会発表は国内何件、国外何件とかいう形で、教育関係は授業内容の改訂、新設など、雑務は大学内の委員会の仕事や学外の仕事、それから来年是非会いたい人やテニスのゲーム数まで列挙し、決めたら手帳に書き込む。その中で、自分にとって意味のあること、やりたいことでも実現できないと思ったら、それを切るのである。時間管理で必要なことは、自分がやりたいことの優先度を明確にし、優先度の低い項目を切ることである。もし、それが自分にとって切るに忍びないとしたら、その優先度を上げるか他に時間をやりくりする。あれもしたい、これもしたいと思っているだけでは、あれもこれも実現しない。

　次に、来月の計画を立てる。年間計画の各月版である。これは、項目を数行書くだけで良い。ここで大切なことは、決して無理な計画を立てないことである。かなり控えめに計画を立てたつもりでも、予定外のことが生じて計画倒れになってしまうからである。控えめな計画であっても、計画を立てないよりも相当多くのことを実現できるものである。途中で計画が実現できそうもないと思ったら、修正の計画をすぐ立てることが大切な点である。そうでないと、や

る気をなくしてしまうことになる。そして、月末になったら、計画に対して結果がどうであったかを手帳に書き込むのである。私の場合、だいたい計画の9割くらいが実現できている。これくらいだと計画がストレスにならず、次の計画を立てるのが楽しみになる。来月の計画があれば、明日の計画がすぐできる。私の場合は、大学からの帰りの電車の中で数分間の間に、今日の計画の実現の度合をチェックをし、明日の計画の項目を書き込む。朝の通勤電車の中では、今日の予定を再チェックして今日やることを頭の中に刻みこむのである。

　私がこのような計画による時間管理を始めたのが50歳を過ぎてからである。それまでは、今日やることを頭の中に描いているだけで十分だと思っていた。ところが、会社の研究所にいて大学の教員になろうと決断し、そのために無謀にも年間10報の論文を書くことに挑戦したときに、どうしても時間をやりくりしようとしたらこのような方法しかなかったのである。

2.8　アルバイトの功罪

　あるアンケート調査では、アルバイトしている学生の割合が首都圏、関西圏、中部圏とも85％程度だそうである。スーパーのレジ係やコンビニ店員、家庭教師や塾講師、飲食店員などが多い。生活費の一部にあてる場合もあるが、多くは外食費やレジャー資金など、生活にプラスアルファを求めた小遣い稼ぎが目的である。首都圏の学生の半分程度が「社会勉強のため」という理由も挙げている。信州大学経済学部では、1993年からアルバイトを基にしたレポートに単位を認めているそうである。ある学生は、居酒屋でアルバイトをした体験から「居酒屋の経営分析とアルバイト適性の考察」をまとめた。焼鳥250円、牛タン350円、ナス焼き150円など店の品書きを書き抜き、宴会コースやメニューの改善、テレビ宣伝の効果などを売上高から分析した。彼は「アルバイトによって別人のように成長した。こういう成長は机に向かって得られるものではない」とアルバイトの意義を述べているそうである。

　教育学部の学生にとっては、家庭教師や塾講師を体験することによって自分

が将来教師としてやって行けるかどうかの判断材料にしていることが多い。ある学生は家庭教師のアルバイトをして「子どもとすぐ仲よくはなれたが、勉強となると乗ってきてくれない。教育というのは一対一のコミュニケーションが基本だから自分は教師としてやれないと思うようになった」という。また別の学生の例では、家庭教師先で登校拒否の生徒を教えているうちにその両親からも信頼され相談されるまでになったという。子どもの内面の苦しさの原因を考えていくうちに親の生い立ちにまで遡って考えざるを得なくなったという。そういう意味では、アルバイトは社会人としての常識を養い、自分の適性・個性をどのように生かしていけばよいか考えるきっかけになるといえる。その取り組み方によっては学内にいては得られない経験をすることもある。

しかし、アルバイト先から「まじめに仕事をしない、怒られるとすぐに辞めてしまう」「無断欠勤が多い」などの声も聞かれるようである。そこには、本人の未成熟さと学生の立場への「甘え」がある。それでも「まじめに仕事をしないと怒られる」経験をした方がいきなり会社に就職するよりましかもしれない。大学の教員をしていて思わされるのは研究室の行事の日程よりもアルバイトの予定を優先させる学生が増えていることである。研究室の行事の予定を決めようとすると、皆の予定を合わせるのが大変である。「君たちは学生ではないか。勉学とアルバイトのどちらが大切か」といいたくなる場面もある。

しかし、学生にとっては両方が大切なのであろう。両方のバランスをうまく保ち、かつ両方とも自分にとってプラスになる取り組み方が必要と考えられる。

2.9　感性を活性化させるには？

高校までの生活では、勉学すべきことがすべて与えられ、それを上手にこなすだけでよかった。受験のためにかなりの時間とエネルギーを必要としたために、自分の自由な時間、自由な行動が制限されていた。恋愛すらも自己規制した人もいるのではないかと思われる。

それに比べて大学生は自由である。授業を取るのも自由、取らないのも自由、

どんなサークルに入ろうと、どんな人とつき合おうと、すべて自分の判断できる。自由の良さと、怖さを感じる人が多いと思われる。ここで要求されることは、優れた感性を持つことである。自分が何かの選択を迫られる際に、なかなか判断がつきづらいことがある。人生においては、直感的な判断を頼りにするしかない場面が多いのである。また優れた感性を持っている人が人とのつき合いを上手にしていくことができるのである。学生時代に限らず、感性は人生を豊かにし、人生の岐路においても重要な役割を果たす。そこで、感性を活性化させる方法について考えてみたい。

　では、どのようにすれば感性を活性化することができるのだろうか？
1) 構えないで自己をさらけ出す。

　　自分をよく見せようとしないでありのままの自分を出すことである。構えないで自己をさらけ出すと他人は安心して自分を出してくる。見栄を張ることや、理性による自己防御をやめることである。
2) 失敗を恐れず行動すること。

　　行動することによって、新しい出会いのチャンスがあり、新しい自己を発見するきっかけとなる。
3) 物事や人物に対する好奇心を持ち続けること。

　　好奇心を持ち、いろいろな人と接触することによって新しい出会いの可能性がある。恋愛をすることは、それがうまくいってもいかなくても感性を活性化することに繋がる。
4) 遊びとユーモアの心を持ち続けること。

　　真面目過ぎる人は狭い考え方しかできない。遊びとユーモアの心は右脳を活性化させ、人生に楽しみを与える。真面目さと遊びの心は共存できる。
5) 適度に喧嘩することも必要である。

　　自己主張をし合うことによって、その葛藤を通して人間は成長する。喧嘩できる友達は貴重である。対決によって新しい関係が築かれることもある。
6) 直感力を大切に。理性の限界を突き破る可能性を持っているのが、直感力である。

　　自然の中に浸る、公園を散歩するとか、瞑想するとかの時間を確保するこ

とも必要である。ノーベル賞をもらった湯川秀樹氏は、中間子理論の着想がまどろんでいるときに浮かんだという。

2.10　まとめ

(1) 自分の中の子どもの克服
　最近、「子どもの意識を持ったままの大人」が増え、自分は子どもだと思っている大学生も増えている。そういう若者にとって、「大学は自由な場であらゆる『出会い』の場が用意されている。これからは、自分がすべてを決めていくのだよ」と言われてもとまどうのかもしれない。しかし、自分の人生である。今の機会を逃したら、一生誰かに依存して生きていくか、そういう人が見つからなくて問題を内に抱えたまま過ごすことになる。大学生という立場は失敗してもそれが大目に見てもらえる。「内なる子ども」を克服し、1人で考え1人で処理することを思いきってやってみようではないか！

(2) 自分を認めること
　現在の自分を認め、そこから出発することが学生生活を楽しく有意義に過ごすために必要な事柄である。自分がだめだと思っていると、何をやってもうまくいかない。どうしたら現在の自分を認め、そこから出発することができるのだろうか？　まず自分を見つめ、周囲を見回してみることである。孤独な自分、ありのままの自分を認めることである。構えないで、ありのままの自分を出せる人は、ありのままの他人を受け入れることができる。友達との関係の中で、自分の感情を表現し、お互いに感情を表現しているうちに、リアルな自己と向き合うことが可能となる。どんな立派な人でも必ず問題を抱えている。自分の中にある欠点も含めて自分を認め、自分を好きになることである。

(3) 友達のつくり方
　友達をつくるには、第1に孤独に耐えることが必要である。孤独に耐えるこ

とのできる人が他者を思いやり、集団の中に入って行くことができる。第2に、ある程度バカになれることである。人間誰しもそんなに立派なものではない。思いきって皆の中に参加する方がよい。第3に、構えないでありのままの自分を出すことである。自分の方から人の中に入って行くとよい。初めは誰か合いそうな人を1人見つければよい。少し慣れてくれば、誰かが誘ってくれるのを待つのではなく、自分が誘う方になれば良い。

(4) 恋愛の仕方

恋愛することによって、相手に気に入られたいと思い、向上心を燃やすこともあるし、失恋することによって心に傷を負い、失意のうちに日々を過ごす人もいれば、逆に人間としてたくましくなる人もいる。恋愛する人は、人間としての成熟度が問われる。恋愛する人は、孤独に耐えることができる人でなければならない。そうでないと、相手に依存することになりうまくいかなくなる。2人の関係を育てる中で共に成長し、変わり合っていく関係を育てるような恋愛が望ましい。友達を持ち、集団の中に入り込み、「出会い」を経験した人ほどそのようなチャンスに巡り合う確率が高い。感性的な面でのみつき合うことをしないで、お互いに自分を出し合い、相手から逃げ出さないことが必要である。

(5) 親との関係

高校から大学への移行過程の中で、1つの大きな変化は親との距離の変化である。親元を離れて1人暮らしをする人はそれだけでも大きな意味がある。最近若者が幼稚化しているといわれるが、その原因は親離れができないということである。親からの自立を今進めておくことが、大学生活を充実させる近道であり、良い親子関係を継続していく道でもある。

(6) スランプに対処する方法

現代社会では、真面目な人ほど精神的に落ち込みやすい。落ち込みやすい人は白黒をはっきりしないと気が済まない人が多い。「こうあるべきだ」という

自分の理想にこだわるために、現実とのギャップに悩むことになる。その場合、一時的に目の前の現実を忘れてスポーツなど気分転換すればよい。またスランプに対処するには、小さな達成感を大切にすればよい。自分にできる軽い仕事をすれば気分が楽になる。前向きに生きておれば楽しく過ごすことができ、スランプに陥ることはない。スポーツと笑いと小さな前進は落ち込みやすい人にとっての良薬である。

(7) 時間の使い方

すべての人に等しく1日24時間が与えられている。時間を活用するとは、四六時中忙しく動き回ることではなく、無駄な時間を減らし、ゆとりと楽しみの時間を生み出すことである。無駄な時間を省く目的は、その人にとって無意味な時間を意味のある時間に変えることである。自分のやりたいことへの情熱が強ければ強いだけ時間を有効活用したくなる。時間を有効に活用するにはまず計画を立てることが最も有効である。今日やることを明確に意識していれば、スムーズに活動がスタートするし、集中できる。

(8) 感性を活性化させる方法

1) 構えないで自己をさらけ出す。
2) 失敗を恐れず行動する。
3) 物事や人物に対する好奇心を持ち続ける。
4) 遊びとユーモアの心を持ち続ける。
5) 適度に喧嘩することも必要。
6) 直感力を大切に。理性の限界を突き破る可能性を持っているのが、直感力である。

第3章　どのように学ぶのか？

3.1　学びたいものをどのように発見するのか？

　大学で何を学びたいのか明確にすべきであるとよく言われる。しかし、入学時に目標をきちんと持っているいる人はわずかであるし、何を学びたいかはある程度学んでみないと分からない要素もある。大学の存在価値は学ぶべきものを見つけるためにあるといってもよい。知識や技術を覚えて消化するというだけなら大学ではなくて、専門学校に行けばよいのである。学ぶべきものが見つかれば目標ができてくるし、意欲的に取り組むことができる。皆さんの可能性はそこで大きく開けることになる。しかし、そうは言っても学ぶべきものが見つかっていないのに学ぶことは難しい。大学での勉学の結果はすぐに見える形では表れず、社会に出て、ずっと後になってから結果が出ることが多い。そういう意味では自分なりの工夫と忍耐が必要である。

　本当に学びたいものを発見する方法を考えてみよう。おいしい食べ物に出会おうと思ったら皆さんはどうするだろうか？　手当たりしだいにあちこちのレストランに食べに出かける人もいれば、店の評判を聞き、その候補を次々に試す人もいるかもしれない。問題なのはおいしい食べ物に出会おうという熱意で、しつこく試せば必ずおいしい食べ物に出会えるだろう。大学の授業も同じである。先生の評判をいろいろな人から聞き、自分で積極的に取り組む科目と単位目的の科目とを決める。積極的に取り組む科目では、演習やレポートなどに積極的に取り組むのはもちろん、授業の中で興味を持った事柄に

ついて、質問をするとか図書館で調べるとかすると、学問の面白みの一端に触れることができる。単位目的の授業でも途中で思わぬ出会いに遭遇することもある。それを「出会い」と感じるかどうかはその人の感受性と求める態度による。学問の面白みの一端に触れた後は、その人の熱意しだいである。しつこくその先を追い求める人ほど得るものは大きい。

3.2 大学で勉学する意味は？

　それにしても何のために大学で勉学するのだろうか？　自分がその分野で学んだことを直接生かせる職場に勤めるのでなかったら、大学の勉学は無意味なのだろうか？　例えば、文学部、経済学部、法学部を卒業した多くの人は会社員になる。文学部で学んだことは会社員としての生活にどのようにプラスになるのだろうか？　教育学部を出た人でも、金融会社やコンピュータ関係の会社に就職する人も多い。工学部、理学部を卒業した人でも金融やマスコミ関係に就職する人もいるし、自分が卒論や修論でやった分野と相当違った分野の会社に就職する人も多い。自分が大学で勉学した内容が直接社会に出て役立つこともあるし、役立たないこともある。直接社会で役立たないことも勉学する意味は何なのだろうか？

　大学で勉学する意味はこれからの社会生活を生きる基礎を学ぶことである。世の中の学問や知識がどの程度のものであるかを知り、どこを調べれば分かりそうだということを知っておればたいていのことには驚かない。分からないことに出会っても、「この問題は図書館で調べれば分かる」とか、「この問題は誰々に聞けば分かる」といった対応がとれるのである。私は、卒論、修論とも固体表面での反応をテーマとしていたが、ゴム会社に就職して全く違うゴムの物性を研究することになった。そのとき経験したのは、研究対象は違っていても、研究の方法さえ身につけていて、ある程度勉強すれば、その分野の第一線に比較的早く追いつけるということであった。それはゴムの研究分野が体系化が困難な分野であることもあったかもしれない。特に役立ったのは、修論のと

きに培った困難に出会ったときの心の持ち方であった。

　大学で勉学する意味は社会に出て初めて分かる場合が多い。毎年夏休みに小中学校の先生たちのための免許法の講習会というのがある。教員の再教育の場である。教育学部の教官に講師を引き受けさせられるのだが、私にもその役が回ってくる。その場合、普段教育学部で講義しているメニューから選択して話すのだが、彼らの目の輝きが違う。現場に帰ってから少しでも生かそうという真剣な姿勢があるからである。拙著の「氷はなぜ水に浮かぶのか（丸善）」の本をテキストにした講義では、帰ってから生徒に「氷はなぜ水に浮かぶの？」と聞いてやろうと楽しそうに語った中学の先生がいた。企業に勤めている人も同じだと考えられる。私も会社にいるときに出張で講習会に出席した場合に、ずいぶん役に立つ講演に出会うと、とても嬉しく感じたものである。したがって、通常の大学の授業で何気なしに聞いていることでも、社会に出て役立つものがずいぶんあるはずである。授業を受ける姿勢が問われるわけである。社会人が大学で学べる制度が拡充すれば、社会人大学生が増え、彼らから学ぶ意味と学ぶ姿勢を吸収することも容易になるだろう。

3.3　学問とはどんなものか？

　ここにコップ1杯の水があるとする。砂漠を歩いてきて渇きを感じている人は、他のことを考えず一刻も早く飲みたいと思うだろう。また、水を生活の中で使っている主婦は、これを学問の対象と見ることはしないであろう。しかし、同じ水を見ても見る人の立場によってそれを見る視点が違うのである。

　最近は水はただではなく、スーパーなどで売られる時代になった。水を製造販売している業者はどうしたら売れる水、おいしい水が作れるか考えるだろう。

　水道局の水質管理者は、水質が基準に合っているかどうか、もし基準が満たされていないとしたらどういう成分か、その発生源はどこか、どういう処理をしたら良いかを考えるだろう。

歴史学者は、各地において水が果たしてきた役割の変遷について、その土地の気候風土、その時代の産業、人々の生活習慣、都市と農村などの観点から調べるかもしれない。

経済学者は、各地において水が果たしている経済的役割について、国の違い、気候風土、都市と農村、産業との関わりについて調べるかもしれない。

地理地質学者は、世界各地の地形と気候、地質、雨量、水質との関係を調べ、その土地の人々の生活との関係を調べるかもしれない。例えば、日本の水が欧米と比べておいしい理由を地形と気候、地質を調査し、水の成分を分析して調べるだろう。

植物学者は、各地の地形と温度、雨量、水質と植物の葉や花の形との関係を調べ、最終的には、その違いがどういう遺伝子の違いになっているのか調べるかもしれない。

動物学者は、水質汚濁が動物に与える影響を調べようとするだろう。例えば、ダイオキシンに汚染された水を飲んだ動物がどういう異常行動を起こすのか、異常行動があるとしたらどのようなメカニズムでそのようになるのか調べるかもしれない。

環境問題の専門家は、水循環のメカニズム、水の需要量、農業用水と工業用水、家庭用水の現状と問題点、水質汚濁の現状と問題点、水道水の水質基準の在り方、水政策、国際協力に至るまで多くの問題に関心を寄せるであろう。

このように水は日常生活の中で何気なく使っているものであるが、これを研究の題材としてみると、見る人の目によってその視点が大きく変わってくる。学問分野は、この視点の違いと言ってよい。学問の分野は当初はこのように分化されていなかったが、人類は物事を深く追求すればするほどその分野は細分化していった。しかし、あまりにも細分化し過ぎたために全体像が見えなくなるという問題も起きている。地球環境問題は細分化し過ぎた学問領域をもっと総合的な視野から見ることを促している。

そういう意味ではあらゆる学問はどこかで必ず繋がっている。自分にとって関係ないと思われる講義でもどこかで役立つ点が必ず発見できるのである。それを発見するかどうかはその人にかかっているのである。

3.4 授業の受け方

大学のレジャーランド化

「大学崩壊」を書いた関西にある国立大学教育学部助教授の中岡慎一郎氏は、大学のレジャーランド化を嘆いている。大学の授業において学生は前の席を敬遠し、授業の内容が自分にとってあまり興味がないと、居眠り、私語が絶えない。中には、漫画を読んでいる者、携帯電話でメールのやりとりをしているのもいるという。150名くらいの学生がいるマスプロのクラスでは、居眠りはもちろん、大教室の一番後方付近に席を陣取って友人と私語をしているのが多いという。このような現象は、がまんができない子どもの増加、大学生の「子ども化」が進む中で、全国いたるところの大学で大なり小なり見られる現象である。

一方では授業をきちんと聞こうとしている学生も多くいるし、私語やメールのやりとりをしている学生でも、面白い授業であれば集中して聞こうとすることも事実である。学生は状況次第でどちらにでもなり得るのである。また学生からは、「やる気のない先生の授業には耐えられない」という声を聞く。そういう意味では、教員は授業内容の改善、授業組み立ての工夫、状況に応じた毅然たる態度が要請されている。また、学生による授業評価もあちこちで行われつつあるが、それが実を結んで授業が改善されるまで相当時間がかかりそうである。

学生側で取り得る対応

ここでは、教員側の対応は当分変わらないものとして、学生側で授業を聞いてそれをどう対応すべきかについて考えてみよう。

授業を聞いてノートをとっても、ただ記録するだけでは、自分の頭で理解す

るところまで行かない。演習をやるとか自分で調べることによって初めて理解も進む。授業は学生参加型でないと良くないようだ。授業の論理構造を理解し、それを模倣することが自分のものにする近道である。創造性は、模倣を通して得た知識を自分の頭で確認し、体系化し、組み合わせ、別の系に当てはめる過程で培われる。「模倣」で得たものが自信となり、新しい目標と挑戦の気持ちを生み出す。

　私が担当している「物理化学」、「無機化学」などは、当初は他人が書いた教科書を使っていたが、学生のうち半分程度しか指定した教科書を買ってくれない。あとの半分の学生のことが気になるし、他人が書いた教科書では使いにくいこともあって、2000年からはテキストをプリントで作ることにした。そのテキストの表紙には、キーワードとして、次の言葉を書いておいた。「出席」、「演習」、「模倣」、「自信」である。第1に必要なのは「出席」である。「物理化学」の講義は8時50分から始まるので、朝なかなか起きられないらしく、初めの頃は出席していても次第に脱落する者が出てくる。出席しなければ分かるはずはないので、単位の取得はとうてい無理である。そもそも授業というのは教科書を読んでも理解しにくいところを分かりやすく話すようにしているので、自分で勉強して理解しようとするのははるかに効率が悪いはずである。少なくとも教育学部においては。

　次のキーワードは、「模倣」である。授業で聞いたことを真似すれば、「演習」が自然にでき、試験もできるようにしてある。ここでの「模倣」は、受験技術のような暗記的な模倣を意味しない。授業内容を模倣するということである。例えば、高校の無機化学は化合物名や反応式を覚えたり暗記が中心であるが、大学での無機化学は電子状態や結合の性質を基本に講義するから論理的な思考方法ができないとついて行けない。授業の論理構造を理解し、その模倣が上手な人が成績が良く単位がとれるのである。

　そもそも学問とは、人類が長期間積み上げてきた知識を集大成したものであるから、それを吸収し、真似ることが大部分の作業である。あとは各個人が非常な努力をして、ほんのちょっとそれに新しい部分を付け加えるのである。それが発明・発見といわれるものである。模倣の作業は、研究の初期段階の作業

と同じである。文献を調べ、それが正しいかどうかを場合によっては予備実験をして調べる。会社の事務的な仕事を覚えるのも同様である。模倣の上手な人は、社会の様々な仕事の仕方を覚えるこつを習得したと言えるのである。学生時代に「模倣」の仕方を覚えることが大切と言えよう。

もっとも模倣だけでその後の生活がすべて乗り切れるはずはない。むしろ学生時代に学ばなかった創造性が要求される場面が多い。創造性を身につける訓練は、模倣を通して得た知識を自分の頭で確認し、体系化し、組み合わせ、別の系に当てはめる過程で培われる。そのような機会は卒論などに取り組めばいくらでも巡ってくる。その後の生活の中でも創造性を発揮するチャンスはいくらでもある。

次のキーワードは「自信」である。「模倣」の上手な人が成績が良く、単位がとれ自信がつく。「模倣」の手法は、社会の様々な仕事の仕方を覚えるこつの習得に繋がり、これは自信となり、自分の可能性を信ずることになる。こうなるといろいろなことに挑戦してみようという気持ちになり、新しい目標が出てくるのである。新たな挑戦が創造性を発揮する機会になるのである。

3.5 レポートの書き方

レポートは恐らく大学生として取り組む最初の自分の取り組みの成果発表の場であろう。レポートを読めば、その人の勉学に対する取り組みの姿勢が分かる。レポートや論文はあるテーマについて資料やデータに基づいてまとめるものである。データの羅列でほとんどを占めるようなもの、論拠や検証が乏しいものは、普段から押さえるべきところを押さえていない論理的な発想が乏しい人と思わざるを得ない。最近の大学生は言語体験が不足しがちであるので、レポートをきちんと書くことを意識してやる必要があると思われる。

レポートにはテーマがある。テーマは教員が課題として与える場合と、自分で選択する場合とがあるが、いずれの場合もテーマとその目的を確認することが必要である。例えば、「地球環境問題についてレポート用紙5枚以内で書け」

という課題が与えられたとしよう。この場合、必ずしも地球環境問題全般を論ずることを期待されているわけではない。地球環境問題全般をレポート用紙5枚以内にまとめることはとても困難だからである。地球環境問題とは何かを述べたあとで、その中から主要テーマを選んでまとめることも1つのやり方である。主要テーマとしては、地球温暖化、酸性雨、砂漠化、海洋汚染、オゾン層破壊、日本における取り組みなど自分が興味を持つ問題を選べばよい。このように主要テーマを決めるとレポートの具体的な目的が明確になる。次にやることはテーマに沿った資料を集めることである。この場合は、図書館で「地球環境」などのキーワードで検索すれば十分な資料が入手可能である。1つの本を見つけたら、たいてい同類の本は図書記号が近いので近い書架の位置にある。最近の情報を得ようと思ったらインターネット、雑誌や新聞の中から資料を得るのも1方法である。用いた資料は必ずレポートに書いておくこと。用いた資料の質でレポートの質の半分程度が決まるといってよい。

　実験レポートなどの場合は、テーマ、目的、方法、結果（データ）がある。よく、目的と方法を混同して書いているレポートに出くわすことがある。そういう人は、実験の目的は何なのか、どういう方法によってそれを明らかにしようとしているのか理解していない人である。実験テキストを熟読するか、参考資料を探して理解しておかねばならない。次のステップは結果の整理とその解釈（考察）である。結果の整理をするためには理論式などを理解する必要があるし、実験データと整理したデータの単位を明確にしておく必要がある。数値だけを出して答えが出たと考えているレポートがけっこう多い。また実験データのばらつきの程度の把握とその原因の考察も重要である。

　結果の考察の良し悪しでレポートの価値が決まるといっても過言ではない。良いレポートを書くためには、考察を十分できるだけの資料を集めなければならない。的確な資料がないと考察はすべて自分の推察になってしまうからである。レポートには必ず参考資料を書いておくべきである。実験結果がどうしても理論的に矛盾した結果になることもある。その場合は、実験プロセスの中で起こり得る可能性を自分で考えていろいろ論じた方が良い。このように、テーマ、目的、方法、結果、考察、結論という流れがしっかりしているレポートを

書ける人は科学の方法論を習得する一歩を踏み出したということができる。また、レポートを読んでいて感想が書いてあるのは良い印象を受けるものである。

3.6 情報の取得と活用の仕方

　現代はいろいろな情報が氾濫する世の中である。問題はたくさんある情報の中からどのように自分に必要なものを得るか、そしてそれをどのように整理し、加工し、必要なときに活用できるようにしておくかが問題である。学生にとって必要な情報とは、生活情報、遊びに関する情報、友人に関する情報、教務情報、勉学内容に関する情報、就職情報などであろう。例えば、何月何日どの店でクラスコンパがあるという情報を知らないとしたら、友人との出会いの機会を逃してしまうことになる。高校の理科の先生たちが作っているホームページのアドレスを知らないとしたら理科の教師を目指す人にとっては大きな損失である。自分にとって必要な情報を得る術を体得していないと非常に損をすることになる。情報源としては、1）掲示　2）友達からの情報　3）授業からの情報　4）図書館にある情報　5）新聞、雑誌、テレビなどマスコミからの情報　6）インターネットによる情報　7）その他の情報　などであろう。

　最も大切なのは、友達からの情報である。「掲示」を見落としたとしても友達から聞くことができるし、授業を休んだがレポートの宿題が出たとか友達からでなければ得られない情報も多い。このような日常情報だけでなく、あるホームページに面白い就職情報が載っていたとか、ある本や映画がとても面白かったとか、ためになる情報を持っている友人は貴重である。友達づきあいの多い人はそれだけ多くの情報を手にしていることになる。それと同時に自分も情報を発信する側に立つことができれば、自然と友達が集まってくる。そういう意味では情報発信ができる人間を目指すべきである。

　授業からの情報では、単に授業内容だけでなく、関連した参考書の紹介、場合によっては関係ない本の紹介や話をする先生がいて、貴重な情報源となるこ

とがある。

　最近、特に増えているのがインターネットのホームページによる情報である。ありとあらゆる情報がホームページに掲載されているといってよい。例えば、http://www.e.chiba-u.ac.jp/を選べば千葉大学教育学部のホームページにアクセスできる。学部の構成、教育内容、教員にはどのような人がいて、どのような研究をやっているかなどが分かる。またYahooの索引を用いると自分の好きな情報に簡単に接することができる。その場合は、検索語の選び方によって自分が欲しい情報にたどり着くまでの時間が随分違う。最近は、テレビや雑誌でもホームページのアドレスが紹介される場合が増えてきた。ホームページを見ることで興味を持ったことに関してより深くより広い情報を入手できる。インターネットによるホームページは、勉学、遊び、天気、ニュース、買い物、趣味、就職情報、投資などに至るまでありとあらゆる情報を提供してくれる。インターネットによる情報は今後ますます便利になり、生活に欠かせないものになってきている。ただパソコンの画面で情報を見ているだけではしばらくすると忘れてしまい、アドレスも忘れるとその情報を得るのにずいぶん苦労することになる。e-mailもずいぶん普及して電話、Fax、郵便と並んで主要な情報通信手段の1つとなってきた。e-mailの良い所は電話では言いにくいところを他人の目や耳を通すことなくさりげなく伝えられること、一度に大勢の人に速く情報を伝えられること、海外であっても国内と同じ感覚で伝えられることなどであろう。

　このように情報源は多種多様であって私たちは情報に囲まれて生活していると言っても良い。問題はそれをどのように活用するかということである。活用するためには、必要なときに必要な情報を取り出せるようにしておかねばならない。まず大切なのはメモである。大切な情報は手帳、ノート、携帯電話などに決めておいてメモをしておくべきである。私も大切な情報を紙切れに書いておいて、後でその紙が見つからなくて大騒ぎをすることがある。情報の整理は学生の場合、多くないと思うが、分野別、時系列など自分の整理しやすい方法で整理しておけば取り出すのに楽である。整理するための時間は、情報が見つからなくて探している時間に比べて、はるかに短くて済む。パソコンのハード

ディスクの中も同様に整理が必要である。いらないファイルをいつまでも置いておくと本当に必要なファイルを探す手間が増える。もっともパソコンの場合は、ファイル名さえ覚えておけば、検索で呼び出すことができる。

3.7 図書館の活用の仕方

　大学には必ず図書館がある。図書館というと学生の皆さんはどのようなイメージを持っているだろう。レポートを書くためにやむを得ず利用するという人が多いのではなかろうか？　確かに図書館は調べるところである。もっと言えば、図書館は人類の知的財産を収めている宝庫であり、冷暖房がきいた安らぎの場所としても良い。これほどの貴重な施設を学生がそれほど活用していないのは、それが無料だからと思うことがある。お金を払えばその分有効に活用しなければと思うが、無料だとそのありがたみが分からない。

　図書館はなぜ素晴らしい知的財産の宝庫と言えるのだろうか？　どのように活用したら良いのだろうか？　例えば、アダルトチャイルドという言葉を聞いて興味を持ったとしよう。それを調べたいと思ったら図書館へ行って、パソコンの端末に向かえば良い。たいていの大学の図書館では、蔵書検索の画面が出ている。千葉大学付属図書館の Home Page の例では、OPAC という記号のところをクリックすると蔵書検索の画面になる。その画面で、キーワードを入力することになっている。キーワードに「アダルトチ」と入力すると、アダルトチャイルド、アダルトチルドレンなど「子どもの意識を持ったままの大人」に関する本の情報が12件出てきた。題名、著者、出版社、図書記号、本の所在場所などである。この中から自分の読みたい本を選んで借りることができるのである。

　研究には国内および外国雑誌のお世話になる。従来の研究内容を知らないで研究を始めることは無謀に等しい。かくして図書館には膨大な雑誌の集積所となるのである。私は何か調べものの必要が生じたときには、自分のパソコンから図書館の検索画面を開き、必要な本や雑誌を検索しておく。自分の研究室で

の頭を使う仕事に飽きたときに、散歩気分で図書館に行き、必要な調べものや雑誌をコピーすることを日課にしている。

　何かいい本はないかなと思って本屋に立ち寄る人も多いだろう。しかし、どんなに大きな規模の本屋でも大学の図書館のようには行かない。蔵書の数が桁違いだし、検索システムが違う。一度暇なときに、本屋にでも行く気分で図書館の中を散歩したら良い。蔵書の棚の狭間の中で圧倒されるかもしれないが、面白そうな題名の本を選んでパラパラとページをめくってみると良い。便覧や百科事典類のある場所を知っているだけでも、レポートなどの下調べなどいざというときの参考になる。また各種の新聞や雑誌なども最新のものから古いものまで揃っている。最近の図書館では、印刷物だけでなくビデオテープ、レーザーディスク、**CD-ROM** など電子メディアの情報も提供している。視聴覚室で視聴することもできるし、借りることもできる。また、大学には所蔵していない資料や文献などは他の機関から取り寄せることができるシステムになっている。自分が何に関する情報が欲しいということさえはっきりしておれば、図書館の参考係の人が館内外を問わず入手の手助けをしてくれる。こういうシステムは、大学、県立、市立図書館を問わず大なり小なり同じである。

3.8　読書の仕方

　最近、本を読まない人が増えている。出版業界の人に聞くとまじめな本ほど売れていないという。しかし、本は古今東西の知性の集積である。テレビなど目で見、耳から聞くということは必要なコミュニケーションの手段ではある。しかし、知識の習得や情報をテレビなどにばかりに頼っていると、じっくり考えることが無くなり、思考能力が低下する。テレビは目的があって見ている場合は良いが、何となく見ていることが多く、時間がもったいない。映像が消え去ると頭に何も残っていない場合が多い。知性を磨いたり、人生のいろいろな側面を知るためには活字をも含めた言語体験が不可欠である。最近、学生と話をしていて、自分が感じていることを表現する能力が劣っていると感じること

が多い。言語能力の基本は読むこと、書くことである。いろいろな本を読むことを通して感性と知性を磨き、表現能力を磨いて欲しいものである。本を読まない人は人生の豊かさを味わえない寂しい人であるといっても良い。

　素晴らしい本に出会うことは素晴らしい人に出会うことに等しい。1冊の本に出会うことによって人生の方向を見いだすこともある。私の場合は、学生時代に読んだ、ロマン・ロランの「ジャン・クリストフ」に青春の思いを膨らませたものである。よく「私を変えた一冊の本」というのが雑誌などに載っている。様々な人が様々な本を挙げている。その人によって違うが、自分を変える本は無数にあるといって良い。

　本を読まない人にその理由を聞いてみると、「本を読む暇がない」という人が多いようだ。たしかに、忙しい現代社会にあって、自分に自由な時間を創り出すことは難しい。特にじっくり落ち着いて本を読む時間を確保することは難しい。しかし、工夫次第で本を読む時間を見つけることができるものである。1つは、通勤通学など電車に乗っている時間を利用することだ。私は川崎製鉄に勤務していたとき、幕張から蘇我まで乗り継ぎを含めて片道20分程度の時間、電車に乗っていたが、その時間を利用して月2冊から4冊の本は読むことができた。東京に出張の際には総武線の快速に乗ることもあったが、混雑が激しいため目的の駅までじっと耐えているのは大変だが、立っていてもわずかのスペースを利用して本を読んでいるといつの間にか着いてしまう。そういう意味で読みたい本をいつもカバンの中に入れておくと一石二鳥の経験をする。そんなにしてまで本を読むのは嫌だという人は、空いた電車に乗ればよい。そのためには早朝の電車に乗るとか、始発駅で並ぶとかの工夫をすれば良い。

　図書館や書店で見る本の多さに圧倒される。どの本を読んだら良いのだろうか？　難しそうな本ばかりで自分に読めるのだろうか？　そんなに本を読む時間を確保できるのだろうか？　という疑問である。まずどの本を選ぶのかに対する標準的な答えはない。それぞれの人が試行錯誤で自分に合った本を選ぶしかない。しかし、一般的にいえることは、1）古典的名作と呼ばれているものを選ぶ、2）友達の評判が良いものを選ぶ、3）著名な人が推薦しているものを選ぶ、4）ベストセラーとして評判のものを選ぶ、5）図書館や書店などで自分

でパラパラページをめくって判定する方法などがある。千葉大学の図書館では「教官が推薦する100冊の本」を公表している。そのような方法で自分にとって良い本に巡り会えたら、その次は、1）同じ作者の本を選ぶ。2）同じテーマの本を選ぶ。3）そのテーマに関連したテーマのものをいもづる式に次々に選んでいく。私は小学校6年生のときに、「平家物語」を読んでとても面白かったので、次は「源氏物語」を読んでみたら全く内容が違ってがっかりしたのを記憶している。これは、失敗例であるが、一度本を読む楽しさを味わうとあとは本選びに苦労はしない。

3．9　忘れない方法

　人間の記憶の機構からすると、忘れないためには、連想、強い刺激を繰り返し脳に与える方法が望まれる。この人間の記憶の特徴を理解した上で、忘れない方法は以下のようになる。
1）全体像を把握してから各部分を理解する。
　　長編の詩を記憶する方法を試した人が最も効率的だと推奨している方法がある。それは、最初の1行から順に暗記するよりは、全体を何度も読んで内容を把握してから1行1行暗記する方が良いそうである。物理や数学の難しい本をどうしても読まねばならないときは、分からないところを飛ばして全体を読んでから読み直すとよい。分からなかったところも読み直すと次第に分かるようになってくる。「全体から部分へ」が記憶しやすい流れである。
2）頭の中で内容を絵にしたり、連想によって記憶を助ける工夫をする。
　　「鳴くよ（794）うぐいす平安京」といって歴史の年代を覚えた人も多いだろう。このようなゴロ合わせは、人間の連想記憶を単純な形で利用するものである。数学の幾何の問題は図に描いてみるのが必要である。図や絵にすることによって、脳への刺激がより強く働き記憶を助けるのである。
3）書いてみる。
　　書いてみることはメモとしての役割を果たすだけではない。頭の中で考え

ていることを指先の運動で紙に移し、書いたものを視覚を通して確認する意味がある。書く行為によって頭の中で思い描いている内容が整理される。書くことによって脳への刺激がより強く働き記憶を助けるのである。
4) 整理、整頓する。
　学生が持ってくる卒論要旨を見ると、目的と方法がごっちゃになっているのがよくある。こういう人は普段から物事の整理、整頓ができていない人である。整理がきちんとできる人は論理構成が頭の中でできているということである。整理、整頓がすっきりしておれば、理解しやすく覚えやすいのである。
5) 反復復習する。
　ある実験によると、1つのことを記憶しても、1日経つとその3分の2を忘れてしまうそうである。ところが、1日経つ前にその事柄を一度でも思い出していると8割は記憶しているという。講義のあと帰りの電車の中で、少しだけノートを見るだけで記憶の歩留りが良くなる。これも脳への刺激が繰返しによって強くなることに関係している。

3．10　頭の良くなる方法

なぜ頭の良くなる方法なのか？

　頭の良くなる方法というと、なぜ頭が良くなる必要があるのだという反問があるかもしれない。そういう反問の背景には、「頭の良い人は、真面目で、融通がきかず、人を見下ろすような雰囲気を持つ」というマイナスなイメージがあるためと思われる。
　しかし、頭が良い人は必ずしもそういう人ばかりとは限らない。問題は頭が良いことを鼻にかけず、他人の立場を思いやる側面を持っているかどうかである。本当に頭が良い人は、自分の頭の良さをひけらかさず、他人と一緒に楽しめるユーモアを持った人であろう。頭が良いことは単に知識があるというだけ

でなく、発想を豊かにし、人生のいろいろな知恵と可能性を与えてくれる手段でもある。頭が良い人は自信を持ち、物事に積極的に取り組むことができる。その自信と積極性が小さな成功を生み、小さな成功がまた自信を与えていくのである。

しかし、多くの人は、自分が今の状態にあるのは他の人に比べて頭が悪いためだという劣等意識の部分を持っている。劣等感があるために物事に積極的に取り組めないことが多い。「自分の頭の悪いのは生まれつきだ」と自分で決めつけて努力を怠る態度が実は問題なのだ。最近の脳生理学によると、人間の知能の優劣は生まれてから後の生活環境や努力によって大きく左右されるのだそうだ。努力と習慣によって獲得した部分も結構多いのである。頭は使えば使うほど鍛えられてよく働くようにできているのである。テニスや水泳などにおいて練習すればするほど上手になるのと同じである。次に記す方法を試みて、頭を鍛えてみてはどうだろうか？

頭の良くなる方法

1) 自分は頭がいいんだと自分に言い聞かせる。

   人間は否定的な考えを持つとやる気がしなくなるようにできている。人生は自己を肯定的に見ることによって前向きに生きられるのである。前向きに生きておれば心地よく物事に取り組むことができ、成果が挙がるのである。そうなってくると知的なことが好きになるのである。

2) 目標が明確であること。

   例えばどうしても教師になりたいという目標がはっきりしていると、採用試験に合格しなければならない。そのために意欲的に勉学に取り組むことができる。意欲次第で勉学の効率は格段に違ってくるし、頭の回転も良くなる。

3) 徹底的に人の真似をする。

   人間の能力は50歩100歩である。新しく自分の方法を創り出すのは難しいが、人の真似をするのは比較的簡単である。人の真似をする能力はたいてい

の人には備わっている。人の真似をするうちに、いつの間にかその方法を体得する。なるべく優れた人の真似をすることである。人に限らず必要な情報を手に入れる。良い本や文献を探し、正解を覚える。人の真似の仕方、情報入手の上手な人は頭の良い人と言ってもよい。

4) 立てた目標を実現するための時間を確保する。

　例えば教師になりたいという目標が明確であっても、それを実現するための行動計画がなければそれは「絵に書いたもち」に終わる。「目標」と「願望」とは全く違う。「目標」とは行動計画の伴ったものである。明日はそのために何をするかが決まっており、具体的にそのための時間を確保しなければならない。手帳に予定を書き込み、常にそれを確認し実行する。時間の使い方の上手な人は頭の良い人と言ってもよい。

5) 物事に熱中する。

　同じ時間を使って何かをやったとしても集中力のありなしで結果が大きく違う。一番能率が上がるのが目標に向かって一生懸命に取り組んでいる場合である。「好きこそものの上手なれ」である。集中力のある人は頭の良い人と言ってもよい。

6) 固定概念の破壊。常識を疑ってみる。

　人の真似をし、情報入手は必要なプロセスであるが、真似と情報入手だけでは解決できない問題が必ずある。その場合は、問題意識を持ち続ける中で、常識を疑ってみることも必要である。疑問を持ち続けておればあるとき、ふっとアイデアが浮かぶ場合がある。問題意識を持ち続けないとヒラメキが出てこない。ヒラメキは特殊な人だけに備わるものではない。すべての人が潜在能力を持っているが、それを引き出す執念があるかどうかが問題である。

7) いろいろな分野の情報を入手する。

　ノーベル化学賞を受賞した白川博士は、アメリカで専門の違う物理学者と共同研究したことが実を結んで導電性のプラスチックの開発に成功した。自分とは異質の人とつき合う、いろいろな分野の本を読むことが新しい着想を生むために必要なことである。新しいアイデアは一見関係ない情報を連想によって結びつけることから生まれることが多い。問題解決のためには、一見

関係ない事柄を組み合わせてみる態度が必要である。自分と異質な分野の人と接することはいろんな意味でメリットがある。
8) ヒラメキの育成 —— 自己を一度捨てる。

問題解決のためには、常識の枠に捕らわれていたら進歩はない。新しい着想を生み出すためには、自己の捕らわれた考えや立場を捨て、他者の立場に立ったり、対象物になりきり、全体を実感するように努める。ヒラメキはそうした中で明け方にふっと出てきたりする。そうしたヒラメキは無意識情報の活用の結果である。
9) 完成のための粘り、執念。

発明発見には着想が出てからそれを完成させるまでに非常な努力が払われている場合が多い。せっかく良い着想であっても途中で放り出してしまえばそれまでである。発明王エジソンは「天才とは、努力の継続できる才能である」と語っている。着想を生かし、完成させるためには、粘りと執念が必要である。

3.11 卒論の研究室の選び方

卒論をやってみて初めて学問や研究がどのようなものであるかを知り、教員や先輩から多くのことを学ぶ。特に理科系の研究室では、研究に対する考え方、研究手法、実験設備、教員や先輩によりその後の人生が大きく違ってくると言っても過言ではない。人間的成長もそこでなされる。
卒論の研究室の選ぶ方法を以下に挙げる。
1) 自分の興味が持てる分野であること。
2) 指導教員および研究室メンバーの業績が十分あること。
3) 指導教員が暖かく厳しい指導をする人であること。
4) 良い先輩がいる研究室。
5) 雰囲気が明るく前向きな研究室。

この中で、その分野が自分に興味が持てるかどうかは教員の授業からおよその判断がつく。しかし、授業と研究が必ずしも一致しない場合も多いので、研究室を訪問して教員や先輩から話を聞く方が良い。研究室の業績があるかどうかは、第1にホームページで教員の最近の著書や論文を掲載している場合が多いので、それを参照することである。第2に図書の検索システムを利用することである。教員の名前をキーワードに選べば、最近の著書や論文が分かる。なぜ教員の業績が重要なのか、それは一流の研究者でないと、一流の研究に触れることがなく、指導も一流ではなくなることが多いからである。しかし、学問分野によっては、業績リストだけで判断できない場合もある。また、指導教員の業績が一流であっても、学生を単なる研究労働力と見る教員の研究室、放任主義や、きちんと指導をしない研究室は避けた方がよい。学生は暖かく厳しい指導の中で育つのである。また、場合によっては教員よりも先輩から多くを学ぶことも多い。

3.12　卒論と出会うこと

卒論の研究室に配属されるまでは、講義にしても学生実験にしても受け身の授業がほとんどであろう。しかし、受け身の授業では本当に身についたものにならない。自分であるテーマに挑戦し、失敗を乗り越えて得た経験が必要である。卒論はそうした機会を与えるものとして位置づけることができる。

大学は出会いの場だと前に述べた。卒論はクラスやサークルでは味わえない経験で、新しい出会いのチャンスとなり得る。もし、今まで出会いといえるような出会いを経験していない人は「卒論と出会うこと」に挑戦してみて欲しいものである。卒論は、通常誰もやったことのないテーマに挑戦するわけだから、卒論を遂行する過程で必ず壁にぶち当たり、失敗することを初めから覚悟すべきだ。実験にしても、理論計算にしても何週間もかかってやったことが無駄になることもよくある。そのような研究の厳しさを学ぶことを通して、研究を知り、また困難に対処する方法を心得ていくのである。また先輩や仲間との交流

を通して多くのものを得ることが多い。

失敗の中で学ぶこと

　私が研究の厳しさを直接学んだのは、東京大学大学院の工業化学専門課程の修士の学生の時代で、向坊研究室の博士課程の先輩からであった。反応装置をガラス細工で作りあげていたが、当時のガラスは硬質ガラスといって最近のパイレックスガラスと違って割れやすく、肉圧が均一になるように仕上げ、アニール（焼鈍）をよくしないと壊れてしまう。1週間ぐらいかかって仕上げたガラス細工の装置をぶつけて壊してしまって嘆いていたところ、先輩から「その程度のことで嘆いていたら研究なんてできないよ」と言われ、「そんなものか」と思い、気を取り直して実験したものだった。

　修士1年間はスポーツをやったり輪講に精を出していたため、修士論文のデータは皆無に近かった。修士2年の最後の半年は論文が間に合わないかもしれないという危機感を持ち、物凄い勢いで研究に取り組んだ。朝10時から夜10時頃まで実験し、下宿に帰ってからも時々はデータ整理やデータの解析方法の問題に取り組むという生活が3か月ほど続いた。髭は伸びっぱなし、ときには昼飯を食べ忘れることもあった。そのような生活を支えていたのは先輩との交流、同級の仲間も同じように頑張っているという研究室の雰囲気であった。そのように実験を繰り返すうちに結果が出てくる、そうすると自信も出てくる、研究の楽しさとはこういうものである。

　失敗することが許されている学生という立場は実に恵まれている。失敗にめげずにやった人が結果を出して大きな自信を得ることになる。そうなってくると人生が楽しくなる。面白くなって次の問題に挑戦する勇気が生まれ、次々にそれを克服する基になる。職業生活をする基礎がここで生まれると思う。私は名古屋大学、千葉大学でそのような学生諸君とずっとつき合ってきた。いつもこちらが思う通りには行かないが、卒論発表の1か月前ぐらいから急成長する学生を見るのが大学教員の最大の楽しみである。また、卒論の追い込み時期になると、研究室単位で同年の友達や先輩たちと夜遅くまで残って過ごすことが

多くなり、その中で仲間意識が育つ場合が多い。そして仲間意識が育つのに比例して研究が進展するのである。困難の壁を共に越えたということで仲間意識が育つのである。

AYさんの場合

　千葉大学教育学部理科では、3年生の7月に各研究室へ1～4名の配属が決まっていた。私の研究室では7月終わりに机の場所を確保する意味を含めて掃除をして、歓迎コンパをすることが多い。ところがある年にそのうちの1人のAYさんが掃除と歓迎コンパをさぼってしまった。これには参った。全く想定していない出来事であった。研究室の雰囲気に慣れ、溶け込んでもらうための掃除と歓迎コンパをさぼられるのでは先が思いやられる。案の定、その後のゼミの出席率も悪い。こんなことでは卒論の教育効果は挙がらないし、他の学生にも悪影響が出ると考えられる。

　いろいろ考えた末、卒論生に対して平生の点数制度を導入することにした。「ゼミには必ず出なさいよ」と説教してみたところで効果はないし、お互いに感情を悪くするだけだと考えたからである。7月に遡って配属の時点でマイナス50点を与え、コンパをさぼった場合はマイナス20点、無断でゼミをさぼった場合はマイナス10点、毎月に行う卒論の経過発表は必ずプラスで採点して、卒論発表会までの持ち点と発表会の採点を平均して卒論の成績をつけると宣言したのである。卒論発表会直前でプラス40点以下とか、途中マイナス100点までいった場合には自動的に卒論の成績を不可にするという具合である。毎月終わりには各自の持ち点を発表し、その月に進歩があった人を誉めることにした。

　かくしてコンパをさぼったAYさんも危機感を感じて11月ころから真剣にやりだした。11月の加点がトップだったので彼女を誉めることができた。説教するより「あなたはマイナス何点だよ」と静かに言った方がよほど効果があったのである。この間「このような方法をとらざるを得なかったのは、こちらの都合でそうしているのではなく、本人のためを真剣に考えているからなのだ」と

いうメッセージを苦心しながら送っていたのである。12月になって研究室の忘年会のときにAYさんが「初めは先生から与えられるテーマで卒論をやる意味が分からなかった。またなぜ先生がコンパを重視するのかも分からなかった。ところが卒論点数制になって、やり出してみたらその意味が分かるようになった」と発言した。これには本当に嬉しく感じた。今まで流し続けてきたメッセージがようやく通じるようになったのである。

　ところが忘年会も終わり帰ろうとするときに、AYさんから「12月の点数が納得できない」と涙声で訴えられたのである。彼女がサンプル作りに懸命に挑戦しているのは分かっていたが結果が出ていなかったので、比較的厳しい点をつけていたのである。「点数を目標にこんなに頑張ってきたのに私はどうしたらよいのですか！　先生の帰った夜の時間帯にきて毎日頑張っているのですよ！」と訴えられたのである。私は彼女がそこまで真剣に取り組んでいたのかと分かり嬉しかった。彼女はその後も頑張って研究を続け、卒論発表会では、他の人に比べて遜色ないまでの結果を残したのである。

BC君の場合

　名古屋大学工学部原子核工学科で修士論文をやったBC君も印象深い1人である。修論の最終段階近くになっても、実験のトラブル続きでまともなデータがなかなか出ない。その度に彼は、花がしおれるごとくにがっかりしてしまうのである。ノイズが入る原因としてこんなことが考えられるから、気を取り直してやれよと励ますと、そうかと言って彼はやるのである。ところが2、3日して元気でやっているかと思うと、彼はまた花がしおれるごとくにがっかりしているのである。また別のトラブルが生じたらしい。私は、自分の修論の経験などを話して励ますと、何とかまたやろうという気になってやるという繰り返しであった。それが一度や二度ではなく、毎週のように励ましていなければならなかった。結局、何とか修論を出すことができて、大手の化学会社に就職したが、こんな状態で会社に就職して大丈夫かしらと心配になった。たまたま彼の就職先の上司が私の修士のときの後輩であったので、それとなく彼の様子を

聞いてみた。すると、意外なことに彼は元気でやっていて良い成果を出しているというのだ。それは、1つには、研究室の環境の中で学んでいた物事のとらえ方、状況の分析の仕方、やるべきことの導き方を体得していたと考えられること、2つ目は、修論のときの失敗の連続という経験が彼を強くし、物事に挑戦する態度を身につけたと考えられること、3つ目は、彼自身が会社では甘えは許されないと自覚して仕事をやったことが考えられる。

私は彼のような例を通して、あきらめずに現実に直面するときに人間の可能性が大きく開けるものであることを確信するのである。

3.13　まとめ

(1) 学びたいものの発見

大学の存在価値は、学ぶべきものを見つけるためにあるといっても良い。本当に学びたいものを得ようと思ったら自分で選んだ授業に出て、演習やレポートに積極的に取り組む、授業の中で興味を持った事柄について、質問をする、図書館で調べると、学問の面白みが分かってくる。すべてその人の熱意しだいである。しつこく追い求める人ほど得るものは大きい。

(2) 大学で勉学する意味

大学で勉学する意味は、これからの社会生活を生きる基礎を学ぶことである。世の中の学問や知識がどの程度のものであるかを知り、どこを調べれば分かりそうだということを知っておればたいていのことには驚かない。分からないことに出会っても、対応がとれる。大学で何年かを過ごす意味は、知識だけではなくて、サークルやクラスでの友人関係、卒論や修論での先輩や教師との関わり、あるいはアルバイト先での経験などを通して、今後の人生を歩むための大切な人やものに「出会う」ことである。

(3) 学問とは

例えば、水は日常生活の中で何気なく使っているものであるが、これを研究

の題材としてみると、見る人の目によってその視点が大きく変わってくる。学問分野は、この視点の違いと言ってよい。学問の分野は当初は分化されていなかったが、物事を深く追求すればするほどその分野は細分化していった。科学が発達して研究が進んだと言っても、人間の知識はまだまだ未熟であると言わざるを得ない。だから我々は社会的に意義がある面白いテーマを見つけて研究しているのである。

(4) 授業の受け方

　授業を聞いてノートをとっても、ただ記録するだけで、自分の頭で理解するところまで行かない。演習をやるとか自分で調べることによって初めて理解も進む。授業は学生参加型でないと良くないようだ。授業の論理構造を理解し、それを模倣することが授業内容を自分のものにする近道である。創造性は、模倣を通して得た知識を自分の頭で確認し、体系化し、組み合わせ、別の系に当てはめる過程で培われる。「模倣」で得たものが自信となり、新しい目標と挑戦の気持ちを生み出す。

(5) レポートの書き方

　レポートや論文は、あるテーマについて資料やデータに基づいてまとめるものである。作文と違って論拠や検証がないと良いレポートとは言えない。良いレポートを書くためには、論拠を明確にする資料を集めなければならない。資料に基づき、目的、方法、結果、考察、結論という流れがしっかりしたレポートを書ける人は、科学の方法を習得する一歩を踏み出したといえる。

(6) 情報の取得と活用

　学生にとって必要な情報とは、生活情報、遊びに関する情報、友人に関する情報、教務情報、勉学内容に関する情報、就職情報などであろう。最近、インターネットによる情報が便利になり、生活に欠かせないものになってきつつある。大切なのは、友達からの情報である。ためになる情報を持っている友人は貴重である。自分も情報を発信する人間を目指すべきである。情報を活用する

ためには、必要なときに必要な情報を取り出せるようにしておかねばならない。情報の整理は、分野別、時系列など自分の取り出しやすい方法で整理しておくと良い。

（7）図書館の活用の仕方

図書館は人類の知的財産を収めている宝庫である。一度、図書館に足を運んで館内を散歩することを勧める。図書館を活用するためには、蔵書検索の方法を覚えることである。自分が何に関する情報が欲しいということさえはっきりしておれば、必要な情報はたいてい手に入る。

（8）読書の仕方

本は古今東西の知性の集積である。知性を磨いたり、人生のいろいろな側面を知るためには活字をも含めた言語体験が不可欠である。本を読まない人は人生の豊かさを味わえない寂しい人であるといっても良い。素晴らしい本に出会うことは素晴らしい人に出会うことに等しい。本を読む時間は、電車に乗っている時間を利用するなど工夫次第でを見つけることができる。レポートに必要な情報を本から得るためには、蔵書検索を使っていくつかの本を選び、索引を使って必要な部分に到達する。

（9）忘れない方法

1) 全体像を把握してから各部分を理解する。
2) 頭の中で内容を絵にしたり、連想によって記憶を助ける工夫をする。
3) 書いてみる。
4) 整理、整頓する。
5) 反復復習する。

(10) 頭の良くなる方法
1) 自分は頭がいいんだと自分に言い聞かせる。
2) 目標が明確であること。
3) 徹底的に人の真似をする。人の真似、情報入手の上手な人は頭の良い人。
4) 立てた目標を実現するための時間を確保する。時間の使い方の上手な人は頭の良い人。
5) 物事に熱中する。集中力のある人は頭の良い人。
6) 固定概念の破壊。常識を疑い疑問を持ち続けること。
7) いろいろな分野の情報を入手し、一見関係ない事柄を組み合わせる力を持つ。
8) ヒラメキを育成すること。自己を一度捨てる。
9) 完成のための粘り、執念。

(11) 卒論の研究室の選び方
　卒論をやってみて初めて学問や研究がどのようなものであるかを知り、教員や先輩から多くのことを学ぶ。特に理科系の研究室では、研究に対する考え方、研究手法、実験設備、先輩によりその後の人生が大きく違ってくると言っても過言ではない。人間的成長もそこでなされる。
1) 自分の興味が持てる分野であること。
2) 指導教官および研究室メンバーの業績が十分あること。
3) 指導教官が暖かく厳しい指導をする人であること。
4) 良い先輩がいる研究室。
5) 雰囲気が明るく前向きな研究室。

(12) 卒論と出会うこと
　卒論はクラスやサークルでは味わえない経験で、新しい出会いのチャンスとなり得る。卒論では、新しいことに挑戦するから必ず失敗すると思った方がよい。失敗することが許されている学生という立場は実に恵まれている。失敗にめげずにやった人が結果を出して大きな自信を得ることになる。面白くなって次の問題に挑戦する勇気が出て、職業生活をする基礎がここでできる。

第4章　将来の進路をどのように見つけるのか？

4.1　就職難の社会と大学生の進路

　バブルの崩壊以来、企業はリストラを行い、中高年者の子会社への移籍および退職勧奨、新規採用の手控えを行ってきた。不況は長期化し、新規採用の人数はいよいよ細っている。若者にとっては「働きたいけどいい職が見つからない」状態が続いている。就職のことを考えると、大学生は将来の設計を考え、そのための備えをしなければならない。問題は働き口が少ないというだけではない。「自分がどんな職業に就いてよいか分からない」「仕事がきつい職業は嫌だ」「職が見つからなければとりあえずフリーターをしよう」という学生が増えていることである。

　しかし、フリーターをしてもその先が開けるよりは、より厳しい選択を強いられる可能性が高い。「今さえ良ければ」ということは言っておれなくなる。自分探しを早い段階から始め、自分の進路について早い段階から考えることが望ましい。厳しい環境は大学生にとって成熟する良いチャンスでもある。そのためには、将来設計を2、3年生のうちから考え、そのための情報を集める必要がある。いろいろな「出会い」を経験し、自分のやりたいこと、進路を決定し、そのための情報を集めておくことが望まれる。

4.2　進学か就職か？

学生側の事情

　進学か就職かを決める際の学生の側の意識としては、学部卒ですぐ就職してしまうのは不安がある。できれば自由な学生時代をもう少し味わってみたいという気分がある。こういうモラトリアムの気分で大学院に進学する学生が増えている。そういう大学院進学をモラトリアム入院というのだそうである。ここでモラトリアムという言葉を2通りに捉えることができる。1つは、社会に出るまでに2年間の猶予が与えられたのだから、この2年間思い切り自分がやりたいことをやってみようという態度である。もう1つは、これという方針なしに社会に出るのを2年間先送りする態度である。

　教員の側から学生を見ていて、どちらの態度で修士を過ごそうとしているかが分かる。私たち教員は、方針なしのモラトリアム修論生を抱えた場合、その指導に苦労することになる。私たちが最も気を遣うのは、研究室の雰囲気である。周りの先輩や後輩が研究室で多くの時間を過ごし、楽しみの要素を持って研究する雰囲気があれば、その学生もやる気を出すようになり、あまり問題が起こらない。そうでない場合は、何らかの手を打たねばならない。しかし、たいていの場合は、修士論文の締め切りが迫ってくると、何とかしようと取り組んでいるうちに面白さが分かり、最後は結構やったということになる。

　そういう意味では、事情が許せば大学院に進学した方が無難な時代になったというべきだろうか？　それも研究室と指導教員によりけりであろう。最近は、それほど研究意欲がないのに、博士課程に進学したいという学生がいて困っているという教員の声をあちこちで聞くようになった。モラトリアムの気分で博士課程に進学するのは非常に危険である。博士課程は1人立ちの研究者を養成するところであるので、研究意欲が旺盛でないと本人自身が苦しむことになるし、就職が大変になる。企業側の態度は修士卒の学生は歓迎するが、博士卒の

学生は専門領域が会社のニーズに合っているか、本人がよほど優秀だと判断できないと採用しない傾向にあるからである。

採用側の事情

大学院修士課程への進学率が増加の一途をたどっている。この1つの原因は、企業が技術系を中心に学部卒よりも修士卒の方が使いやすいと考えていることである。学部卒では自分で何かに真剣に取り組んだという経験がほとんどないまま卒業するので、採用する側としては教育に非常に手間がかかるということになる。企業では、持続的な高度成長が見込めなくなり、長い時間をかけて社内で管理職候補を育てる余裕がなくなっている。できれば即戦力に近くて潜在的能力がある人材を採用したいと考えている。こういう企業側の態度は特に技術系に関して著しい。

大学院選択の時代

1991年に大学審議会が打ち出した方針で、大学院の重点化がなされた。これにより、大学院生は91年度の約10万人から97年度では約17万人と増加している。中には、北陸先端技術大学のように、大学院だけの大学ができてきたし、東京大学などでも学部を持たない大学院の定員が増えつつある。各大学で大学院の定員を増やしたので大学間で優秀な学生の獲得競争が起こっている。大学院の定員に満たないと困るから多少レベルの低い学生でも採ることになる。したがって、学生にとっては有名大学の大学院に比較的簡単に入れるようになってきた。そういう意味では、修士または博士で研究をしたい学生にとっては飛躍できるチャンスが開けているということができる。問題は、自分が何を目指し、どういう教育を受けたいのか、どういう研究をしたいのか、どのような指導を受けたいのかということである。北陸先端技術大学では、大学院でも単位を取るのが大変で、落とす学生も多いという。そういう厳しさが企業などから評価されているという。最近は、ほとんどの大学でホームページが設けられ、

大学院生の募集状況、研究室紹介などが公開されている。ホームページでよく調べ、直接研究室を事前に訪問などして自分で納得できるような選択をすべきである。

これからは大学院も選択の時代である。各大学の大学院も学生も選ぶと共に選ばれる時代となってきた。

4.3 自分探しはなるべく学生時代に

自分探しのための留年

最近、留年して、大企業への就職内定を蹴って、または大学院に在籍しながら自分探しをする若者が増えている。早稲田、慶応など有名私立大学に多い現象だという。場合によっては、とりあえず入社して自分探しを始める人もいる。こういう現象は、大企業に就職してもリストラの進行が示すように先が知れている、大企業での就職に夢が持てないということが背景にあるように思われる。カバン職人、コピーライター、出版会社などその対象は個人によって様々なようである。「卒業＝就職」という方程式は崩れつつある。

自分に納得のいく職業を妥協せず探すことは良いことである。しかし、その分親に負担を掛けることは避けられない。親が経済的に余裕がある場合だけでもないらしい。ぜいたくな境遇と言わなければならない。

就職活動以前の自分探し

ここでは大学にいる間でも、留年しなくても、「自分探し」はできると言いたい。例えば、自分探しをするためにインターネットのホームページを通じて業容を拡大している中小企業を探し、アルバイトを経験するのも面白い方法である。伸びている中小企業であれば活気があるし、インターネットなど情報機器を使った仕事の新しい面の開発も活発であろう。そこで新しい「出会い」が

あるかもしれない。仕事の中で自分の新しい面を発見することもあるだろう。「出会い」を経験するためには、自分なりの特徴、得意な何かを持っていることが望まれる。

教師になりたいと思ったら塾の講師のアルバイトをしてみると良い。私の周りにはそういう学生がたくさんいるが、その中でもやはり教師になりたいという学生と自分には向いていないという学生とに分かれる。

「自分は何をしたら良いか分からない」と言って何もしないのが一番問題である。自分の好きなことを見つける努力が最も重要である。そのためには大学生活を十分楽しむことが近道である。楽しんでいるうちにいろいろな経験をする、いろいろな人と出会う、そういう中にこれからの仕事を選ぶヒントがころがっているのである。アルバイトでの経験が仕事を見つけるヒントになることもある。しかし、一般に自分が興味を持ったことが直ちに職業に結び付くわけではない。自分が興味を持った事柄を中心に、どのような職業があるのか、そのために自分は何をしなければならないのか考え、行動する必要がある。そのように目標ができた人は、その実現のための大きな一歩を踏み出したことになる。自己実現のための日々を楽しんで歩むことにつながるのである。

4.4 進路の見つけ方

進路のことは今は考えたくないという風潮

大学入学までに将来の進路を決めている学生は少ないようである。高校での科目の好き嫌い、偏差値などで志望の大学と学部を選び、とりあえず大学に入ったという学生が多い。問題は入学してからどのように将来の進路を見つけるのかということになる。自分の好み、能力、考えられる職業をなるべく早い時期になるべく具体的に見つけることが望ましい。

しかし、就職先を見つけるのは厳しいし、就職後の生活も厳しいらしい。今の学生生活は楽しい。できればこのような生活が続けられればそれに越したこ

とはない。今は就職のことは考えたくないという気分の学生が多い。本当にやりたいと思えることに出会っていないということが最大の問題である。趣味や遊びには「出会った」が、学問や将来の進路には「出会っていない」のである。したがって、やりたいことが見つからない。当面はこの学生生活を楽しみたい。将来の進路のことを考えるのはしばらく後回しということになる。しかし、いよいよタイムリミットがきて、就職活動を実際に始めてみると、もう少し前から進路のことを考えておけばよかったと思うことになる。

進路を見つける努力

　タイムリミットがきて、進路をどうしても決めなければならないというのでは寂しい。自分でやりがいのある目標を見つけられないものだろうか？　そのためにはタイムリミットがくる何年か前から目標を見つける努力をしなければならない。どうしても進路が見つけられないとしたら、見つけるための努力をする必要に迫られる。その努力とは、例えば以下のようなことが考えられる。
1）いろいろな分野の授業を聞いて自分が興味を持った分野について調べる。
2）友達やサークルの先輩がどんな進路を選択しようとしているか参考にする。
3）就職情報誌などから就職先の情報を得る。
4）いろいろな本や雑誌などを読み、ヒントを得る。
5）すでに就職している先輩や知人などに直接会って話を聞く。
6）親や教員に相談する。
7）インターネットで検索してどういう会社や行政機関があるかを具体的に調べる。
8）とりあえず卒論まで行き、卒業研究を経験して進路を考える。修士まで行く間に進路を決定する。

　ここで特に勧めたいのは、7）のインターネット検索である。大企業を調べるのもいいが、特徴ある中小企業を見つけるのも面白い。そのためには、インターネットに登録している中小企業情報ネットワーク参加企業のなかで自分の得意分野を含む製造業、サービス業などを選択する。会社案内、その他の記事

などでその会社がインターネットを通じて業容を拡大しているかどうかを判定する。もしインターネットを通じて業容を拡大しておれば、異業種との提携を含めていろいろな試みをなし、人手が不足しているはずである。そこで、学生である特権を利用してアルバイトとして雇ってもらえないかどうかを交渉するのも手である。そういう経験が今後の進路を選ぶ際の参考になる。

　人間の思考というのは、問題意識がないとそこに考えが及ばないようにできている。「進路を見つけよう」という問題意識を持ち続けて生活しているうちに、ふとした人との会話や新聞雑誌などを読んでいて、「これだ！」というものに巡り会うものである。そういうヒントが得られたら自分で考えられるだけの方法で情報を集めることである。1つの情報から次のヒントが与えられて、最初のヒラメキとは少し違う仕方で自分の方向が見えることもよくある。

目標の発見から進路の選択へ

　目標を発見し、進路を決定するためには自分の願望や夢を書き出してみて、本当に自分がそれを望んでいるかどうかを自問自答してみるのも1つの方法である。もし「教師」と「研究者」のどちらもなりたいという願望や夢があったとする。その場合、漠然と頭の中で「教師」と「研究者」を思い浮かべて迷っているだけでは目標を見つけ、進路を決定するところまでいかない。

　将来の姿をもっと具体的に思い描くところまでいかないと目標や進路にはならないのである。「教師」であれば小中高いずれの学校の教師になりたいのか？　中高の教師であればどの教科を専門とするのか？　いつからどこの県で教師になりたいのか？　どういう教師になりたいのか？……明確な目標を持つためには、そのような具体的な像を持つことが望ましい。「研究者」であれば、企業の研究者か、大学の研究者か、公的な研究機関の研究者か、どの専門領域の研究者なのかを決めなければならない。そういうことを決めるに当たって自分に分からないことは図書館で調べたり、先輩や教員に尋ねればよいのである。目標が具体的に考えられるほど、それを自分が本当にそれをやりたいかどうかがはっきりしてくる。例えば企業の研究者であれば、修士課程までで十分であ

るし、公的な研究機関の研究者を目指すのであれば、博士課程まで行った方が良いということになる。自分がそれにふさわしいかどうかを判断する材料が増えるわけである。

　もし目標が決まったら、次の段階は具体的な計画を立てることになる。例えば、今学部3年生であるが、「修士卒業後、千葉県の生物の高校教師になる」という具合である。そのときなぜ自分が生物の高校教師になりたいのか明確にできるともっと良い。長年教師をやっていると辞めたくなるときもあると思う。そういうときに自分が教師になった原点を振り返ることができるからだ。このように具体的な最終目標ができると、次はそれを実現するための中間目標と行動計画を立てるのである。最終目標だけだとその心理的負担だけが重くのしかかり、それに負けてしまう。自分で実現可能な無理のない計画を立てることである。例えば、今年は生物の基礎をきっちりやるという計画ができる。そうすると、今月と来月は遺伝学を中心にやるというふうに決まってくる。そうなると明日やるべきことが見えてくるので、それを実現するために時間を確保し、手帳に書き込んでいくのである。そこまでいけば毎日毎日が目標達成のために充実してくる。その目標を半分達成したようなものである。1日1日の蓄積が3年もすると大きな財産になっているからである。

ブリヂストンでの経験

　私は就職を決めるためにずいぶん考え、行動したつもりであった。修士のときの研究室には、住友化学から研究生として来た方がいたので、その人に企業の研究所はどのようなところかを根掘り葉掘り聞いた。また、修士1年のときから、先生に頼んでいろいろな会社の研究所を見学させてもらった。しかし、私が実際に就職を決めたのは、ブリヂストンに就職している研究室の先輩がやってきたことによる。彼は見学を熱心に勧めてくれた。小平市にある研究所を見学してみて、設備の立派さに感心し、思う存分研究できそうな気がして入社を決意した。

　入社して研修が終わって、研究所のある次長のところに配属された。しばら

く、いい調子で仕事をしていたが、1年あまりして、その次長は材料部長になって転出した。当時、材料部と研究部はすこぶる仲が悪く、お互いに悪口を言い合っていた。材料部の方では、「あいつらは役に立たない研究ばかりやっている」研究部の方では、「あいつらは経験主義で進歩がない」といった具合である。そんな具合だから材料部の方では、てんやわんやの騒ぎである。材料部長から係長クラスが毎日のように呼び出されて、「その仕事のやり方は何だ」とばっちり絞られたらしい。材料部長は部下を叱るだけでは駄目だと思ったらしく、人事権を使って研究部から材料部に人を移動し始めた。その第1号で移動させられたのが私であった。材料部に移ってからは、周りの人からずいぶん白い眼で見られたものである。実用タイヤの配合成分を決めるのが材料部の主な仕事であるが、材料部長が期待するようにそう簡単には仕事のやり方を研究部時代のように変えれるものではない。実用タイヤの緊急課題を手掛け一応の成果は上げたが、自分の能力の限界を思わずにはいられなかった。私が退職したもう1つの要因は、技術担当常務に社長の従兄弟の人が任命されたことである。その常務は技術に疎い人で、部課長のゴマスリには弱かった。部下からは人気のない課長が部長に昇格するなど技術部門がおかしくなる傾向が見られた。社長は口では「技術部門に期待している」と言いながら本当のところではそうではないと思われた。たとえ将来、研究部に戻れるにしても先の楽しみが無いと当時は判断せざるを得なかった。

　しかし、これは当時のブリヂストンの2、3の部署の状況であって、現在は全く違ったものになっていると思われる。会社の同じ部署であっても、人が変わり時代が変われば見違えるくらいに変化するものである。会社の組織も生き物と同様の側面があるからである。

　当時私は「サラリーマンの良い所は辞める自由があるところである。ただし、その自由はよほどのことがない限り使うべきではない」と言っていた。辞めるべきか、辞めざるべきか？……ずいぶん考えたがなかなか結論が出なかった。こういうときの最終的な判断は感性がものをいう。たまたま高分子学会が広島であり、帰りに宮島に立ち寄った。宮島の景色の良いところで何時間か過ごし、夕日が沈むのをながめていたら、「辞めたい」という思いがふつふつと湧いて

きた。それで会社を辞め、名古屋大学工学部原子核工学科に助手として勤務することになったのである。それは、結婚して半年後の出来事であった。

このように、十分考えて就職先を選んだつもりでも、私のようにそこを辞めざるを得なくなる場合もある。最近では、就職したら停年までその会社にという風潮が崩れつつある。ブリヂストンにいて、「どんなおとなしい人でも自分の嫌な仕事をやらされることには強く抵抗する」ということを発見した。そういう意味では、人は皆個性的であるといえる。就職して、仕事をしてみて初めて自分の適性に気づくこともある。そういう意味では、どんなに一生懸命考えても、本当に自分が何に向いているかを判断するのは難しいといえる。自分がどの職業を選択するかは、あるところで決断せざるを得ない場合もあるのである。私の場合、たまたま先輩が見学を勧めてくれたからそこに就職を決めたように、人生には「たまたま」によって物事が決まることも多い。問題は、その「たまたま」を含めて自分の決断として納得して受け入れているのかどうかということである。自分で本当に納得していれば、その後の就職先で苦しい体験をしてもそれを乗り越えていけるのである。

4.5 フリーターは職業か？

フリーターという言葉には自由人という優雅な響きがある。実際、スポーツ選手、バンドや芸術家志望、バーテンダー、小説家、脚本家志望など自分の夢を追っている人は昔からいたし、今もいる。自分の夢がありそれを執拗に追い続けるのはそれが実現すれば非常に良いことである。しかし、その夢を実現するためには厳しい修行が待っている。

最近の問題はそうでないフリーターの急増である。厚生労働省の定義では、フリーターとは15歳から34歳のパートかアルバイトと呼ばれる人で、男子は勤続5年以内、女子は未婚者で、学生を除くのだそうである。フリーターの人数は1982年では、52万人だったのが1997年には135万人と急増しているという。バブル崩壊以来の不況が長期化し、企業がリストラを進める中で採用人数を絞

っていることが背景にある。しかし、問題はそれだけではない。若者の価値観の変化がフリーターの増加に拍車をかけている。厳しい責任ある仕事は嫌だ、自分のやりたいことがまだ分からない、もう少しこのままの生活を続けたい、といった思考が当面のアルバイト的な仕事に就かせているという現状がある。そういうことが許されるのも、親にはバブル時代までの蓄えがあって生活がすぐには困らないということがある。豊かさというものが、皮肉なことに人間から厳しさを失わせる原因となっているように思える。

　あるアンケート調査によると、フリーターには大きく分けて3つのタイプがあるという。1）夢追い型、2）モラトリアム型、3）やむをえず型である。このうち夢追い型は先に述べたように昔からあるタイプである。モラトリアム型は、見通しなく学校を中退または職場を退職するタイプである。自分が何に向いているか分からないから、とりあえずアルバイト的な仕事に就くという場合もこれに含まれるかもしれない。「自分に合った職業が必ずあるはずで、それが見つかればすべてが解決する」と考えている若者が増えているという。しかし、「やりたいことが分からない」という。これは自我の発達が不十分で青年期に自分を見つめ、他人とのつき合いを十分してこなかった人に多いと考えられる。やむをえず型は就職が厳しくて正規の職業に就けない理由から、または次の入学や就職までの間とりあえずアルバイト的な仕事で過ごすタイプである。

　フリーターというと聞こえは必ずしも悪くないが、やりがいのある仕事は少なく、週5日勤務で月収14万円程度が中心だという。健康保険にも入れず、結局、経営者に安い賃金で、保証もなく働かされるという現実がある。その程度の収入では定職を探すための専門教育などを受ける余裕がない。親が元気で収入のあるうちはそれでも何とかなるかもしれないが将来の保証がない。もちろん企業側にフリーターに対する待遇改善を求める必要はある。しかし、個人の側では大学は出たけれど、とりあえずフリーターということにならないための行動をとっておくべきであろう。

4.6　就職試験における面接

　実際に就職活動をやっていない学生諸君は就職の厳しさをまだ肌では感じていないだろう。就職活動をやってみて、門前払いを食うとか、不採用通知を受けとって就職の厳しさを実感する。書類選考やペーパーテストによる1次または2次試験に何とか合格すると面接試験が待っている。面接試験では、学生諸君の人間としての総合力が問われる。採用試験の面接の場面では集団面接、個人面接いろいろの形式があるようだが、そのときだけ、印象良く振る舞うことはできないと思った方が良い。採用人事担当者は1日だけで何十人の学生と面接する。当然学生の受け答えのパターンが分かる。そのときだけ正解を出すというか、うまく振る舞っているのは簡単に見抜ける。

週刊誌 AERA によると、売れない学生と売れる学生は次のようである。

　売れない学生は
1）具体的な根拠なく自信に満ちている人。これは面接向きの態度と見破られる。
2）受け答えがマニュアル的な人。これは、就職情報誌などを見て受け答えの方法を覚えただけだと見破られる。
3）資格取得に溺れている人。確かに最近の企業は即戦力に近い人を採用したがる傾向にあるが、同時に将来の潜在能力を見極めようとする。やたらに資格取得に走る人はむしろ将来性がないと判断される。
4）自己中心的で一方的に話す人。相手の求めている内容からそれて勝手に自分の話したいことを話す人は対人能力がないとみなされてしまう。

　また、売れる学生は
1）やりたいことがはっきりしている人。営業をやりたいとか、研究をやりたいとか、会社に入ってやりたいことを示せる方がよい。その場合、その会社の営業とか、研究の内容を把握し、自分の今までの経験のどういう所を生かしたいのかまで述べられねばならない。少なくとも今の時点での人生

の計画を具体的に述べることのできる人は買いである。
2) 行動力がある人。自分のやりたいことなどを述べるためには予備調査が当然必要である。先輩などを通して事前に会社の内容を調べておく必要がある。質問には考えていること、これまで行動してきたことを具体的に答えられるようにしておかねばならない。中には、将来インターネットを駆使して、こんなビジネスを展開して、将来独立して会社を設立したいと堂々と述べて就職を決定した人もいる。
3) 会話のキャッチボールができる人。質問者の意図を的格に把握し、それを具体的な例を示して答えられる人は買いである。例えば、「なぜ塾の講師のアルバイトをしているのですか」「どのように子どもたちに教えているのですか」「何が一番難しかったですか」「その経験はどのように銀行業務に生かせると思いますか」などと次々に掘り下げて質問される。そのときに、子どもたちを教えていたときの苦労話などを個性豊かに話し、なおかつ、そういう苦労は銀行業務の中で対人折衝など難しい場面に役立てられるなどと話せる人は買いである。

　私の研究室の学生が最終面接で、「サークル、アルバイト、卒論の生活の中での自分のＰＲはよく分かった。それ以外の面での自己ＰＲをしてください」と言われて答えに窮したという話を聞いた。普段から自己を客観的に見ておくことが必要な例である。

　私は採用する側に立って面接した経験があるが、就職対策の本を読んできて受け答えをしているかどうかはすぐに見抜ける。自分の個性を質問に答える流れの中で出せる人でないと採用試験に合格できない。面接に合格するための方策は、就職試験が間近に迫ってから対策を練っても、とても対応できることではない。普段からの自分を鍛えておかないと、思うような就職はできないと思った方が良い。今までの自分の人生のすべてが問われていると思った方がよい。そのためには、大学生活において、今まで述べてきたような「出会い」を経験し、将来の目標を立て、自分に対する自信を作り上げておかねばならない。

4.7 まとめ

(1) 就職難の社会と大学生の進路

　大学生にとって不幸なことに就職が非常に厳しい。就職のことを考えると、大学生は将来の設計を考え、そのための備えをしなければならない。そのためには「今さえ良ければ」ということは言っておれなくなる。厳しい環境は成熟する良いチャンスである。そのためには、進路の決定は4年になってからでは遅い。将来設計を2、3年生のうちから考えそのための情報を集める必要がある。いろいろな「出会い」を経験し、自分のやりたいこと、進路を決定し、そのための情報を集めておくことが望まれる。

(2) 進学か就職か？

　進学か就職かを決める際の学生の側の意識としては、学部卒ですぐ就職してしまうのは不安がある。できれば自由な学生時代をもう少し味わってみたいというモラトリアムの気分がある。同じモラトリアムでも、この2年間思い切り自分がやりたいことをやってみようという態度と、これという方針なしに社会に出るのを2年間先送りする態度がある。少しでも早く先送りする考えを捨てて、目の前にある課題に意欲的に取り組んで欲しいものである。これからは大学院も選択の時代である。各大学の大学院も学生も選ぶと共に選ばれる時代となってきた。

(3) 進路の見つけ方 [1]

　就職のタイムリミットがきて、進路をいやいや決めるのは寂しい。進路が見つけられないとしたら、タイムリミットがくる前から、次のように目標と進路を見つける努力をすべきである。
1) いろいろな分野の授業を聞いて自分に合った分野について調べる。
2) 友達やサークルの先輩がどんな進路を選択しようとしているか参考にする。

3) 就職情報誌などから就職先の情報を得る。
4) いろいろな本や雑誌などを読み、ヒントを得る。
5) すでに就職している先輩や知人などに直接会って話を聞く。
6) 親や教師に相談する。
7) インターネットで調べる。
8) とりあえず卒業研究を経験し、修士まで行く間に進路を決定する。

　人間の思考というのは、問題意識がないとそこに考えが及ばないようにできている。「進路を見つけよう」という問題意識を持ち続けて生活しているうちに、ふとした人との会話や新聞雑誌などを読んでいて、「これだ！」というものに巡り会うものである。そういうヒントが得られたら自分で考えられるだけの方法で情報を集めることである。

(4) 進路の見つけ方 [2]

　進路を見つける努力の中で、自分の願望や夢を書き出してみて、本当に自分がそれを望んでいるかどうかを自問自答してみるのも1つの方法である。しかし、単なる願望や夢では目標や進路にはならない。将来の姿をもっと具体的に思い描くところまでいかないと目標にはならない。「教師」であれば小中高いずれの学校の教師か？　どの教科を専門とするのか？　いつからどこの県で教師になりたいか？　どういう教師になりたいのか？　そのような具体的な像を持つことが望まれる。次の段階は具体的な計画を立てることである。実現可能な計画を立てれば目標を半分達成したようなものである。

(5) 自分探しはなるべく学生時代に

　最近、留年して、大企業への就職内定を蹴って、大学院に在籍しながら、または就職してからでも自分探しをする若者が増えている。カバン職人、コピーライター、出版会社など様々なことに挑戦している。ここでは、大学在学中に留年しなくても「自分探し」することを勧めたい。例えば、インターネットのホームページを通じて業容を拡大している中小企業を探してアルバイトをするとか、教師になりたいと思ったら塾の講師のアルバイトをするとか方法はいろ

いろある。そこで新しい「出会い」があるかもしれない。そのためには自分が特徴を持たねばならないし、得意な何かを持っていることが望まれる。

（6） フリーターは職業か？

　フリーターという言葉には自由人という優雅な響きがある。自分の夢を追っている人はいるがそのためには厳しい修行が待っている。最近の問題はそうでないフリーターの急増である。厳しい責任ある仕事は嫌だ、自分のやりたいことがまだ分からない、もう少しこのままの生活を続けたい、といった若者の思考が当面のアルバイト的な仕事に就かせている。フリーターというと聞こえは必ずしも悪くないが、やりがいのある仕事はめったになく、安い賃金で、健康保険にも入れず、保証もなく働かされるという現実がある。「大学は出たけれど、とりあえずフリーター」ということにならないための行動をとっておくべきである。

（7） 就職試験における面接

　就職の面接試験では、人間としての総合力が問われる。そのときだけ、印象良く振る舞うことはできないと思った方が良い。具体的な根拠なく自信に満ちている人、受け答えがマニュアル的な人、資格取得に溺れている人、自己中心的で一方的に話す人はバツである。

　やりたいことがはっきりしている人、行動力がある人、会話のキャッチボールができる人はマルである。自分の個性を質問に答える流れの中で出し切れる人でないと採用試験に合格できない。普段から自分を鍛えておかないと、自分の思うような就職はできないと思ったほうが良い。そのためには、大学生活において「出会い」を経験し、将来の目標を立て、自信を作っておかねばならない。

第5章　どのような生き方を選ぶのか？

　大学に入った段階で、自分という人間をきちんと把握し、明確な目標を持っている人はむしろ少ない。「大学で自分探しをし、本当に学びたいものを探し、将来の進路を見つけたい」ということをほとんどの人が願っているようである。したがって、多くの人にとって、大学生活はこれからどのような生き方を選んでいくかの方向性を決める場だともいえる。しかし、そんなものは自分で考えるだけで見つけられるものではない。友達に出会い、恋人に出会い、教師に出会い、勉学に出会い、サークルやアルバイトに出会う中で自分を見つめ、行くべき方向を探るべきものである。そういう意味では、大学生活は人生の縮図だともいえる。大学生活のいろいろな場面で、1人の人間として、どのような生き方を選択していくのかが問われている。

5.1　楽をするのか、楽しくするのか？

豊かさの問題点

　野性動物を観察しているとのんびり生きているように見えているが、生きるために必死の働きをしていることが分かる。少しでも気を許していると、敵に襲われ食べられてしまうのである。飢え死にしてしまうことも多い。では動物園にいる動物はそのような心配がなく、楽に暮らせるから幸せか？　というと必

ずしもそうではない。私たち人間も昔から食べるためにずいぶん苦労してきた。今も世界各地で飢えに苦しむ人たちがいる。しかし、今の日本では、幸か不幸か、食べるための苦労はそれほど大変ではない。私たちの幼いころは貧しかったために、親の苦労を知り少しでも豊かになろうと努力してきた。しかし、今の若者は生活の苦労を知らないで育ってきた。欲しいものは与えられ、それが当たり前と思って生きてきた。そのために若者は人生の目標を失っているように思える。大学生活も是非これを身につけたいというものに乏しい。したがって、とりあえず学生生活を楽しんで卒業しようということになる。単位を取るのも楽をして取れる先生の授業を取りがちになる。

楽をすることと楽しむことは正反対

しかし、楽をして卒業し、目的意識が希薄なまま就職すると、そこでひどい苦労をすることになる。楽をすることに慣れているので仕事がきつく感ずるし、人間関係の苦労もしていないので、それをわずらわしく感ずるのである。私は学生は大いに学生生活を楽しめば良いと考えている。しかし、楽をすることと楽しむこととは同じではない。むしろ反対の方向を向いている。自分の目標を持ち、「出会い」を大切にしていると、いろいろなことに夢中で取り組んでいるので、はたから見て苦労しているように見えても苦労とは感じないのである。そのような学生生活を楽しめばよいのである。そのように学生生活を楽しむ経験をすると、就職して仕事をやることも人間関係も前向きに捉えることができるので、職場が楽しくなるのである。仕事を前向きに取り組んでいると、はたから見ていて苦労と感ずることも自分では苦労と感じないのである。楽をすることではなく、楽しくすることを身につけるべきである。

5.2 世の中は"ギブアンドテイク"で

自己中心的な人

　最近の若者は自己中心的な人が多いと言われる。しかし、そういう人はいつの時代にもいる。小さいときから甘やかされて育った人は、「人から何かをしてもらうのが当たり前」という感覚が無意識のうちに身についてしまっている。自分で意識していないのに身についてしまっていることがこわいのである。自分が自己中心的であることに気がついていないので、それに気がつくためには他人からそれを指摘してもらうしかない。友達や他人とつき合っていると、自己中心的態度は相手に不快感を与えてしまうので、相手の態度や言葉により初めて気がつくのである。気がつくというのは痛みを伴うことではあるが、そのことによってそれを直していくことに繋がるのである。それができるようになると人との関係が円滑になりお互いに嫌な思いをしなくてすむ。

3種類の"ギブ"

　人に何かをしてもらおうと思ったら「自分が他人にどれだけ役に立つ人間であるか」が問われる。人は自分にとって価値のある人のところに集まる。そういう意味では普段から自分の価値を高くするような努力をしていなければならない。「彼に聞けば何でもよく知っている」「スポーツがうまくてチームに貢献する」「教え方がうまいので塾の講師として評価されている」など明らかに長所があれば生きていきやすいだろう。

　しかし、自分にはこれといった長所が見当たらないとしても嘆くには及ばない。友達が風邪を引いて講義を休んだら、ノートを貸してやるとか、買い物をしてやるとか、自分にできることはたくさんある。失恋した友達の話を聞いてあげるだけでもその人のために貢献していることになる。そのとき「これだけ

してやったのに」という思いは捨ててかかった方がよい。自分の中に「貸し」の思いがないほど友達と気楽につき合えるのである。このように、人のために何かをしてあげることを苦にならない人は得な性格を持った人である。見返りを期待していないので、他人が見返りをしてくれなくてもそのことを気にすることも怒ることもない。

しかし、世の中は面白いもので、見返りを期待していなくても、思いがけない仕方で結局は見返りを受けることが多いのである。そういう意味で"ギブアンドテイク"は人と人を繋ぐ絆であるといえる。人と人との関係は親子、夫婦に至るまで結局は"ギブアンドテイク"の関係で成り立っているともいえるのである。人に与えれば与えるほど受け取るものも多いのである。

長い人生の中で、病気やけがなどで自分から与えるものが何にもなく、してもらうだけの立場になることもある。そのときは、ふがいない自分を嘆いてばかりいてもしょうがない。素直にその事実を受け入れ、感謝することが好ましい態度である。そのときは「すみません」ではなくて、心から「ありがとう」と言いたいものである。感謝することで、してくれた人を生かすことになる。自分が受ける一方でも"ギブアンドテイク"が成立するのである。

"ギブ"には3種類あるといえる。1つは、価値ある自分が他人に何かをしてあげること、2つ目は、特別の価値はないのだが、他人に何かをしてあげること、3つ目は、自分が受ける一方なのだが、してくれる人に感謝することである。どの"ギブ"により価値があるかはいえない。すべてその時々で価値があるのである。

5.3　ユーモアのすすめ

真面目な人と間抜けな人

真面目で、自分に自信があり、自己中心的な人……こういう人の側にいると気が休まらない。したがって、こういう人は人に好かれない。真面目で自信が

あるのは良いことだが、他人のやっていることが納得できずつい批判的に見てしまうのである。物事に真面目に取り組むあまり、周りのことを見る余裕が無くなってしまうのである。そうすると視野が狭くなり面白くない人間になってしまう。

　人は多少抜けたところがある方が親しみが持てるものである。いろいろな人がいてそれぞれを良しと見る心のゆとりが必要である。また自分自身を笑える心のゆとりが相手に安心感を与え、ユーモアが生まれるのである。人の批判ばかりしている間は、その人の器が小さいといえる。自分の失敗もそこで得たものは大きいという気持ちになれると、新たな問題に前向きに取り組むことができる。バカなこと、失敗にめくじらを立てないで、それを大きく包んで許してみることも必要である。ちょっとした言葉の機知でその場の雰囲気がなごみ楽しいものになる。ユーモアのセンスを身につけたいものである。

ユーモアのある生き方

　ユーモアはその場限りの言葉の機知だけではない。ユーモアは生き方そのものであり、人生のゆとりと遊びの部分でもある。自動車ではアクセルとブレーキを使ってスピードを調節するが、アクセルやブレーキには踏み込む際に少しの遊びがある。遊びがないとすぐ加速したり減速したりして危なくて運転できるものではない。同じように人生にもゆとりと遊びの部分が必要である。自分の生き方や才能に自信があったとしても、鼻高々にそれをひけらかす気持ちがあると興ざめである。そういう自分の生き方や才能を距離をおいて眺め、様々な角度から見直す気持ちを持つ人にはユーモアが生まれる。一生懸命生きているのではあるが、そこに笑えるものが生ずるのである。「寅さん」の映画の笑いもそのような笑いを含むものである。

　勉学や仕事から解放され、遊ぶことも大切である。楽しく遊ぶことを通して明日の活力を得ることができるのである。私は土曜日の午前中にはテニスをすることにしている。これは、身体のリフレッシュになるのみでなく、精神的にも気分がよい。テニスの後は、たいてい仲間と食事をし、ビールを飲む。彼ら

とは職業も年齢も違っているが、テニスを通じて気持ちが通じ合う。いずれも仕事を無難にこなし、遊びの楽しさをよく知っている連中である。とりとめもない話題に花が咲き、笑い声が周りに響きわたり、とても楽しいひとときである。これが私の1週間のエネルギーの源泉となっている。また学生から飲み会に誘われると、よほどのことがない限り断らないことにしている。若い人たちとつき合うことはとても楽しいことである。人生、楽しまなければ嘘である。

ユーモアは自分自身の生活とギスギスした人間関係に、ゆとりと和やかさと活力を与える潤滑油である。ユーモアがあり、人と共に楽しんでいる人には人望があり、人が集まってくるのである。その人のそばにいると楽しいのである。肩書や論理ではしぶしぶ人が動くが、人望は心から人を動かすのである。

自分はユーモアのない人間だと思える人は、自分自身を吟味してみた方が良いかもしれない。もし、「真面目で、あるていど自分に自信がある人間」だと思ったとしたら、他人に対して「自分はきちんとやっている」ということをどこかで言いたい気持がないかどうか考えてみた方がよい。他人にとっては、誰かが「きちんとやっている」としてもそれほど関心はないし、ましてやそれを誇る気分があったら、その人には興ざめである。自分のことを思っているより少し低めに表現した方が他人にとってはちょうど良い。人間は自分のことを過大評価するきらいがあるからである。むしろバカな面があると思われるくらいの方が他人にとっては親しみが持てるものである。

5.4 頑張らない生き方

頑張る基盤の喪失

「いい会社」に就職したいという人が多いが、一部上場の大企業が倒産する時代となった。会社が定年になるまで終身面倒を見てくれると以前は思っていたが、中高年のリストラが進行し、大企業に就職しても生涯の保証はあてにならなくなった。「いい大学」に入って「いい会社」に入ってもその程度でしか

ないというのが頑張る基盤をなくしつつある。

　不登校の小中学生が1997年に10万人を突破した。「いい学校」に行くことが必ずしも幸せな生活をもたらすとは限らないという考え方が広がりつつある。学校に行くことによっていじめられ、ストレスが大きくなるくらいなら学校に行かなくともよいと価値観を転換する親が増加している。ただ「頑張りなさい」というのは通用しなくなった。確かに子どもの現状を理解しないで、大人の価値観だけで「学校に行きなさい」というのは問題かもしれない。それ以外の方法を含めて子どもが生きていける方法を模索すべきであろう。

時代の病

　「脳内探検」（現代、2000年5月号、野村進）によると、一生の間にうつ病にかかる人の割合が、日本では5〜15％であるという。欧米では20％以上という数字も出ている。これは、現代というストレス社会において、誰もうつ病と無関係ではおれないということを示している。木の実ナナさんが「私はバリバリの『欝』です」という一面ぶち抜きの新聞広告を出して話題となった。広告を出したシオノギ製薬には、回線がパンクするほどの電話と便りが寄せられたという。「前向きなはずの私が、どんどんマイナス思考になっていく。どんなに楽しい映画を見ていても感動がない。すべてがいやになって、死にたい」と思ったという。

　NHKの「ジェスチャー」で有名な元アナウンサーの小川宏さんが、遺書を書き自殺寸前までいったという。この病の引き金はストレスである。小川さんの場合は多額の借金が引き金になった。どうにかしようと思う。しかし、自分の思う通りにはならない。あせる。眠れなくなる。身体がだるくなる。無気力になるという悪循環のサイクルが加速し、ついに死にたいと思うようになる。責任感の強い人ほどなりやすい傾向にあるという。こういうときに「頑張りなさい」という周囲からの励ましの言葉は禁物である。本人は頑張ろうとして努力して、思うようにいかずに自分を責めているのだから。むしろ「しばらく気楽に趣味やスポーツなどをしてのんびりした方がいいよ」といってあげるべき

なのである。うつ病は薬を飲むことによって改善し、1年もすれば元に戻るという。

うつ病に限らず、統合失調症、各種の神経症、拒食症、アルコール依存症などは、病気の原因と様態こそ違え、現代のストレス社会が背景となっている時代の病ということができる。そこでも、「こうあるべきだ」という考えを捨てて、あるがままの自分を許容し、そこから出発することが必要である。周囲もそういう事情を理解して、気を楽にするように配慮すべきである。

頑張らない生き方

うつ病とまでいかなくても誰でも落ち込むときがある。そのようなときは、悩み、あせり、眠れない夜を過ごすことがある。状況に応じて「頑張る生き方」を捨てて「気楽に楽しむ生き方」へと転換した方がよいのである。明日のことは明日になったら考えればよいのである。意外に、明日になったら昨日悩んでいたことがそれほどでもなかったように思えることもある。気楽に楽しんでいると、次第に元気が出てくる。それは人間が持っている生命力とでも言うべきものである。そうすると私たちのなすべき行動の自由度が増す。そのうち頑張れる力も沸いてくるのである。

人間は頑張りたくても頑張れないときが必ずある。けがや病気のときには、じたばたせずにじっと回復を待たねばならぬ。病気のときには、家族や医者、看護婦の世話にならねばならぬ。年をとれば自分で自分のことができず、人の世話を受けねばならぬ。そのようなときには自分がふがいない状態になったことを嘆いていてもしょうがない。いい意味でのあきらめが肝心である。あきらめることによって、人の世話になることを感謝することができる。感謝することによって周りの人たちを生かすことに繋がるのである。生きているということはそのように、自分1人が力でやらなくとも、周りの人たちとの関わりで生かされるものなのである。生きていく意味は自分が何がやれるかではなくて、自分が自分自身をどのように見ているのか、人との関わりの中で自分がどのような存在であるかによって決まるのである。頑張れない自分であっても、その

境遇を感謝して過ごすことができれば、自分も周囲の人間も幸せを感ずることができるのである。

5.5 新しい自分の発見

これまで、学生時代に人や学問、思想、職業、趣味などに「出会う」ことによって、自分の目標を発見するということが起きてくること、目標を発見することによって、毎日が生き生きとして新しい自分を発見することが起きてくることを述べてきた。

「新しい自分の発見」……それは非常に創造的な作業である。それを「科学における創造的な発見」と類比しながらもう少し別の視点から見てみたいと思う。

「新しい自分の発見」も「科学における創造的な発見」も共に，1 破壊，2 模倣，3 努力の3つの側面があると思う。それらの点について詳しく見てみよう。

破壊

新しい発見をするためには、既成概念にとらわれていたらだめである。今までの概念の徹底的な破壊が必要である。コペルニクスは天動説が圧倒的に優勢な中で、その根拠を疑い、ありのままの自然を観察して、地動説を唱えた。今までの既成概念を壊してみるという態度が必要であった。いったんさら地を作っておけば、新しいものをうち建てることができる。新しい発見には、別の分野のことを学ぶことは非常に有益である。人間の記憶の方法はコンピュータと違って神経回路の形成によってなされる。従来の情報と似た刺激がやってくるとその回路が活性化される。人間の記憶は基本的には連想記憶なのである。別の分野のことを考えているうちに新しい思いつきが生まれたという例が多い。そのためには当面する問題に対する執着がなければならない。「同じ業界

の人とだけつき合うな。異業種の人と交流せよ」は、あらゆる分野のことにあてはまる。同じ考えの人とだけつき合っていたら考え方が固定化し新しい発想を生み出すことができない。異質の者と触れ合うことを通して既成概念が破壊も可能になるのである。

　「新しい自分の発見」のためには、ありのままの自分をさらけ出すことが必要である。ありのままの自分をさらけ出すことには勇気が要る。かっこをつけていると本当の自分でない自分を演じていることになる。自分をさらけ出して初めてその良さと問題点に気がつくのである。良い点が出せると自信がついて自然とそこを伸ばせる。問題点は直せるところは直していけばよいのである。

　別の言葉でいえば、自分の殻を捨て去ることである。自分の殻に閉じこもっていては決して新しい自分の発見はできない。しかし、どんな人でも自分の殻というものを持っている。それは自分の歴史そのものであり、とても大切に思えるものであるが、時には、それを壊す勇気が必要である。
自分の殻を捨て去る最も良い方法は、1）孤独に耐える勇気を持つこと。2）他人からの批判を聞くということである。

　古い自分にしがみつきたい自分を距離をおいて眺めながら、新しい自分が見えてくるまで待つためには、孤独にじっと耐えなければならない。そのためには強い意志と勇気が要る。また、自分のことは分かっているようで分かっていないものである。他人の目を通して自分が見えてくることがよくある。批判してくれる友達をつくるということが大切である。批判してくれる友達をありがたいと思わねばならない。

模倣

　どうしたら発明発見ができるのだろうか？　特許を発明と呼ぶ。私は会社にいる間に20個くらいは特許を書いた。ところが、素晴らしい思いつきだと自分では思っても、過去の特許を調べてみると、似たような発想の特許が必ずあることに気がつく。人間の知恵というものは、過去の知識の土台の上に立っているということを痛感する。画期的な発見といわれる地動説も天動説がなかっ

たら出てきにくかったと思われる。今まで積み上げてきた人間の知恵の真似をするということは、新しい創造の第一歩である。そこにほんのちょっと自分のアイデアを加えれば、新しい発明発見になるのである。

　「新しい自分の発見」も同じである。自分が模範としたい人を見つけて、その人の真似をすることから始めればよい。その人に近づき、考え方、行動の基準、習慣などを知ることである。その中には真似したくない部分もあるかもしれない。自分に必要なところを真似すればよいのである。ある程度、真似が身についてきたら自分らしさを発揮することは、比較的容易と考えられる。とにかく、いろいろな人に接触して良いところだけを学べばよいのである。

　学生時代に築いた友人は大切である。場合によっては生涯の友となる。同年齢なので、考え方、生活上の問題、悩みなど共通のものが多い。大学生は国内各地からきているし、外国からの留学生もいる。友人は視野を拡大し、いろいろな考えに触れるチャンスを与えてくれる。中には、素晴らしいと思える先輩に出会えるかもしれない。そういう人からいろいろなものを吸収することができる。

努力

　発明王エジソンは「天才とは、努力の継続できる才能」と述べている。彼は、数多くの発明発見をした人で有名であるが、新しい着想を思いついても、それをものにするためには、大変な努力を必要としたことを示している。

　研究で新しい成果を出すのも、同じことが言える。新しい結果を出すためには、数多くの障害と失敗を乗り越えることなしにはあり得ない。学生諸君も、卒論や修論でそれを体験することになると思う。

　「新しい自分の発見」も同じである。こうすれば良いという方向が見つかったとしても、それを日々の生活の中に具体的な目標とし、実際に行動していかなかったら、何も変わることはない。ただ、毎日一生懸命努力しているのに、ちっとも効果が表れないと思える時期が必ずある。でも、そういう変化というものは、遅れて現れて来るものである。あせらず、努力し続けることが大切で

ある。自分の変化を人との関係の中で少しずつ表れてくるのを楽しむことである。

5．6　人は変われるか？

　「三つ子の魂百まで」とか「20歳までに性格などの人間形成が終わる」とかいわれる。確かに、性格など若いときに形成した人間の基本的な部分はなかなか変わらないといえる。生物学的に見ても、生まれつきその人のDNAが決まっており、その組み換えが起こるのはわずかな確率である。人は簡単に変われるものではない。

　しかし、精神的な発達は20歳を過ぎても確実に起こっていると考えられる。精神的な発達とは、自分の中にもっと自分らしい自分を発見することであるという。ところが、多くの人はこの作業を中断してしまう。もう、自分も自分をとりまく社会も変わらないと思い込んでしまうのである。精神科医の高橋和巳氏は、「人は変われる」（三五館）の中で、「人が人生の解釈を変え、境遇を変えたいと思うとき人は変わる」と述べている。人間は人生の危機に会うと、従来の人生の解釈ではやって行けなくなり、解釈を変えるのである。「人は絶望するとき、新しい解釈が生まれ始める」「人は絶望するという素晴らしい能力を持っている」と氏は説く。今までの人生の解釈ではやって行けなくなり、「あきらめました」という言葉をきっかけに、人が劇的に変わっていく人の例を氏はいくつも見てきたという。必ずしも絶望という大げさなものでなくても、自分の生き方の解釈を変えることにより「人は変われる」と思われる。解釈を変えるとは、考え方を変えることであり、考え方を変えることは行動を変えることに繋がる。

　誰しも自分の中に嫌な部分を持っている。通常はそういう欠点を直そうとするよりも長所を伸ばした方が良いと考えられる。長所を伸ばそうとするのにそれほど大きな努力を必要とせず楽しんで行えるからである。しかし、人生の危機にあって、あるいは周囲の人との関係の中でどうしても自分のこの点だけは

変えたいと思うときがある。そのとき「変えたい」と思う動機が強ければ強いほど「変われる」可能性が高い。その際、自分はもう25歳にもなっているのだからとかいう考えは持たない方がよい。たとえ70歳を越えていても、人間は生きている限り大なり小なり変わり続けているのである。人間が変わらなくなったとしたらそれは死ぬときである。

「変えたい」と思うときは、力んで変えようと思うのではなく、変わろうとする自分を楽しむことである。それから気長に時間をかけることである。少しの変化が出たら周囲の反応が変わる。そういう変化を楽しむのである。周囲の反応の変化によって変わろうとする力がより強く湧いてくるのである。

どのように変わるのか？

ある中小企業の社長が友人に次のようにこぼしたという。「うちの会社の従業員は勤務態度がなっていない。私が目の前にいるときは仕事をしているが、私がいないとおしゃべりばかりしているし、接客態度も悪いし、仕事に対する工夫をしない」。それに対してその友人は「君の方こそ会社にいないときは、接待と称して個人的なことで、ゴルフをしたり、飲んだりしているではないか。会社の仕事もほとんど人まかせではないか。現場の従業員が何で困っていて、お客さんが会社のどういう点に不満を持っているのか分かっているのか。会社の従業員は君の生活態度の真似をしているんだよ。君が考えを変えなかったら会社の従業員も変わらないよ」といったという。その社長はむかっとはきたが、そう言われてみるともっともであると思って、次の日から、朝一番から出社して、「おはようございます」と率先して声をかけることから始めた。そして、仕事の問題点を見つけ、それに取り組み出した。そうしたら面白いもので、従業員の勤務態度も少しずつ変わってきて、仕事の工夫をする、成果が出る、そうすると面白くなり、どんどん業績が良くなり、会社が変わっていったそうである。以下はその社長の言葉だそうである。

考え方を変えれば行動が変わる

行動を変えれば習慣が変わる
習慣が変われば性格が変わる
性格が変われば人生が変わる
私が変われば会社が変わる

　きっかけはほんのちょっとしたことであると思う。心を柔軟にして友人の考え方を取り入れる度量を持ち、前向きに一歩を踏み始める。そうすると、今まで見えていなかった世界が広がってきたのである。
　この社長の言葉の会社という言葉を自分にとってのとりあえずの関心時に置き換えれば、目標がさらに具体的に見えてくるであろう。それは、「私の進路」であったり、「親」、「恋人」、「生徒」であったりする。教師であれば、「私が変われば生徒が変わる」のである。人生の危機と友との「出会い」こそ人が変わるチャンスである。

　私が大学1、2年生のときに悩んだのは、「皆の中に自然な形で入れない自分」であった。当時の私はそういう自分を変えたいという熱意はあったが、どうしたら良いのか分からなかった。サークルの同年のS君が私の下宿によく泊まりにきて、政治、経済、思想、宗教、恋愛論から始まって、サークルの具体的人間関係から人物批評に至るまでいろいろな話をしたものである。その彼が私の問題点をよく指摘してくれた。当時の私は、真面目で、引っ込み思案なくせに自信家で、一生懸命だが自己中心的な要素を持った鼻もちならない人間であったといえる。私はそういう自分を変えようと必死で努めた。しかし、19歳までに獲得した性格がそう簡単に変われるものではなかった。それはとても頑固で、変わろうとする自分を阻むものであった。私はそれを自分の殻と呼び、その殻を突き破ろうと毎日努めた。「今日もだめだった」という日が1年以上も続いたのである。孤独を嫌というほど味わう日々であった。
　そうした日々が続いた結果が、2年生の夏休みの榛名湖での合宿の経験に繋がることになる。そこで、私は人と交わる喜びを経験し、「新しい自分」を発見したのである。それでも、変われたのは自分の中のほんの1％程度であった

ろう。あとの99％が依然として自分の中にどっしりと居座っている。しかし、「新しい自分」を発見したことで、いろいろなことに挑戦する前向きな態度を身につけるようになったといえる。別の面でも「新しい自分」を発見することがあり得ると信じ、やってみようとすることが自分の生き方のスタイルになったとも言えるのである。私は、その後大学院に進学し、ブリヂストン、名古屋大学、川崎製鉄、千葉大学に勤務し、3回の転職を経験することになるが、その生き方の原点は学生時代のこの経験であったと言えるかもしれない。

5.7　爽やかな人とは？

　誰でも自分は爽やかな人間でありたいものだと思う。しかし、爽やかな人とはどのような人であろうか？　例えば、次のようである。

1) 他人の心を傷つけないで生きている人
2) 自分に対して正直に生きている人
3) 感謝して生きている人
4) 楽しく前向きに生きている人

　誰しもがこのようでありたいと思うのではないだろうか？　しかし、なかなかそうできない現実がある。自分自身に余裕がないために、ついつい他人の心を傷つけるようなことを言ってしまい、自己嫌悪に陥り、楽しく前向きに生きていけないということになってしまう。それは何かにこだわりを持っているからであり、そのためについつい相手の言動が気になる。言わずもがなのことを言ってしまう。こだわりを持たないと頑張れない。生きていけない。
　しかし、こだわりは自分自身だけのものとして捉え、他人に関する部分はおおらかに見ることが必要である。そうすれば他人の心を傷つける可能性が少なく、楽しく前向きに生きられるのである。だからといって、自分の心を偽って他人に穏やかに接することは決してお互いのためにはならない。場合によって

は、他人と真剣に向き合い、対決することも必要である。自分を正直に出し合うことによって分かり合える部分が出てくるものである。そういう経験を経た友達ほど深い繋がりがあり、長くつき合える。対決した後は心穏やかになれるのである。

障碍を持った子どもの親から「この子どもを授かったおかげで、私は親とはどういうものかがよく分かった。子どもを愛することがどういうことであるかを教えてもらった。この子のお蔭で人生の深さを味わわせてもらった」という言葉を聞いたことがある。この言葉が出てくるまでには苦悩に打ち沈む時期があったことであろう。誰にとっても人生に苦悩のときが必ずある。苦悩を味わうことによって自分を知り、他者の苦悩が分かることになる。苦悩に耐えることは人を強くし、他者へのまなざしも変わる。その苦悩を乗り越えることによって自分の境遇を受け入れ、それをむしろ感謝できるまでになる。このように感謝の念というのは、その人の置かれている世間的な状況とは関係がないことが分かる。その人の置かれている状況に関係無く、感謝の気持ちを持っている人が、楽しく前向きに生きられるのである。別の側面から見ると、人から感謝されるということは、自分のしたことが認められたということである。例えば、身体が不自由な老人を介護して感謝される、人に何かをしてあげて感謝されるということは、自分のしたことの意味を認めてもらうことである。これが人を生かす原動力になる。感謝の念を表すことは、感謝する側にとっても、される側にとっても大事なことなのである。

「五体不満足」（講談社）を書いた乙武洋匡君には、障碍を持っていても毎日を楽しく前向きに生きている清々しさがある。身体上の障碍が生きていく上での障害になりがちな世の中にあって、その障害を乗り越える過程を楽しんでいるように見える。

他人から見て不幸なことであっても、自分が不幸と思わなければそれは不幸ではない。試験に落ちたら、次に再挑戦するために自分を鍛えるチャンスだと思えば良いし、失恋したら、人生の深さを味わわせてもらったと思えば良い。病気になったら、天から休暇をもらったと思ってゆっくり休めば良いのである。実際、人生において失敗したと思ったが、それがかえって良かったと思えるこ

とがある。人生において何が良いか分からないものである。このように、自分が思うようにならないことを、他人や環境のせいにせず、前向きに考え方を切りかえて生きていく人には爽やかさがある。

5.8　成功とは？

　成功とはお金がたくさんたまったとか、いい地位についたとかいうことではない。時がたてばそういうものは色あせてしまうし、自分に充実感がなかったら成功とはいえない。

　「成功とは明確な目標を持ち、それを達成する過程にある」と思う。目標とは自分にとって意味あるものであれば良いのであって、それは他人から見てつまらなく思えるものであっても構わない。例えば、手が不自由で字が書けない人は、ワープロで文章を打てるようになることは素晴らしいことなのである。筋ジストロフィー患者である轟木敏秀氏は自力で呼吸ができず、呼吸器の助けを借りて生命をつないでいる。彼は、微かに残る親指の力で入力できる特殊なパソコンの開発を依頼し、それを使って電子メールで全国の障碍者と励まし合うネットワークを形成している。その後、彼は自分史を書き、詩を書き、周囲の人々との交流を重ね、自費出版している。そういう1つ1つの過程が成功といえるのではないだろうか？

　人間は生き物であるから、そのときそのときに何かをやり、何かを感じながら生きている。人間の身体には新陳代謝が常に起こり、細胞は常に新しくされているのである。常に先を見ながら生き続けていないと、充実感が得られない。「これでいいのだ」と思った瞬間から現状固定化への誘惑が始まるのである。だからといって、常に忙しく動き続けていなければならないということではない。休みは必要である。満足感を持って今までを振り返ることがあってもよい。しかし、その状態が続くことが目標になったら、現状を固定化し、そこに甘んじてしまい、堕落が始まるのである。常に目標を目指して生きている人が本当の意味で若いと言える。それは、生物的な年齢ではない。しかし、若いときに

そういう経験を持たない人は生物的な年齢と共に年とっていく。

常に目標を目指して生きている人が本当の意味で若く、その目標を達成する過程が成功といえると思う。人はその際に、幸せを感じるのではなかろうか？

5.9 まとめ

(1) 楽をするのか、楽しくするのか？

楽をして卒業し、目的意識が希薄なまま就職すると、そこでひどい苦労をすることになる。楽をすることに慣れているので仕事がきつく感ずるし、人間関係の苦労もしていないので、それをわずらわしく感ずるのである。自分の目標を持ち、「出会い」を大切にしていると、いろいろなことに夢中で取り組んでいるので、はたから見て苦労しているように見えても苦労とは感じないのである。そのような生活を楽しめばよい。楽をすることではなく、楽しくすることを身につけるべきである。

(2) 世の中は"ギブアンドテイク"で

人から何かをして欲しいと思ったら、人のために自分ができることをしてあげるべきである。人のために見返りを期待しないで、何かをしてあげることが苦にならない人は得な性格を持った人である。思いがけない仕方で結局は見返りを受けることが多いのである。

"ギブアンドテイク"は人と人を繋ぐ絆である。病気などで自分が受けるだけの場合でも、してくれる人に感謝することで"ギブアンドテイク"が成立する。

(3) ユーモアのすすめ

真面目でも人の批判ばかりしている人は器が小さいといえる。いろいろな人がいてそれぞれを良しとし、自分自身を笑える心のゆとりが必要で、そこにユーモアが生まれる。また、ユーモアは生き方そのものであり、人生のゆとりと

遊びの部分である。遊びの世界では自由な発想が生まれるのである。ユーモアがあり、人と共に楽しんでいる人には人望があり、人が集まってくるのである。

（4）頑張らない人生

　誰でも落ち込むときがある。状況に応じて「頑張る人生」を捨てて「気楽に楽しむ人生」へと転換した方がよい場合がある。病気のときには、人の世話にならねばならぬ。そのときには自分がふがいない状態になったことを嘆くことをやめ、あきらめることである。それで、人の世話になることを感謝することができる。感謝することによって周りの人たちを生かすことになる。生きていく意味は自分が何がやれるかではなくて、自分が自分自身をどのように見ているのかによって決まるのである。頑張れない自分であっても、その境遇を感謝して過ごすことができれば、自分も周囲の人も幸せを感ずることができるのである。

（5）新しい自分の発見

　「新しい自分の発見」には、破壊、模倣、努力の3つの側面がある。1つ目は、自分の殻を捨て去ることである。自分にとっては大切なものであるが、それを壊す勇気が必要である。そのためには、孤独に耐える勇気を持つこと、他人からの批判を聞くこと、ありのままの自分をさらけ出すことである。2つ目は、自分が模範としたい人を見つけて、その人の真似をすることである。3つ目は、努力である。「新しい自分の発見」のための方向が見つかったとしても、それを日々の生活の中に具体的な目標とし、実際に行動していかなかったら、何も変わることはない。

（6）人は変われる

　人生の危機にあって、あるいは周囲の人との関係の中でどうしても自分のこの点だけは変えたいと思うときがある。人が考え方を変え、境遇を変えたいと思うとき人は変わる。考え方を変えることによって行動が変わる。行動が変わ

れば習慣が変わる。習慣化することによって人は変わる。「変えたい」と思うときは、変わろうとする自分を楽しむことである。それから気長に時間をかけることである。

（7）成功とは？

　成功とはお金がたくさんたまったとか、いい地位についたとかいうことではない。時がたてばそういうものは色あせてしまうし、自分に充実感がなかったら成功とはいえない。成功とは明確な目標を持ち、それを達成する過程にある。目標とは自分にとって意味あるものであれば良いのであって、それは他人から見てつまらなく思えるものであっても構わない。人間は「これでいいのだ」と思った瞬間に現状を固定化し、そこに甘んじてしまい、堕落が始まるのである。常に目標を目指して生きている人がその目標を達成する過程で幸せを感じるのである。

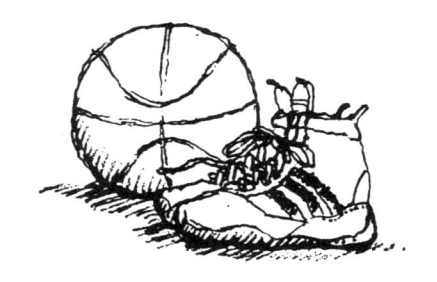

第2部
学生からの反響

第1章　新しい大学生活に出会う

1.1　1年生TKさん

　高校での生活は、こなしてもこなしてもなすべきことが際限なく与えられるものだった。学校では教師に、家では親に依存している部分が多かった。高校の頃は、自分でやることを見つけることはなく、次から次へと課題が与えられた。考える時間がなかったこともあるが、ほとんどのことがスケジュール化され、言われたことをこなしておれば良かった。そのときは、辛くて課題がなくなればよいのにと思っていた。

　しかし、大学生になって与えられることがほとんどなくなってみると、課題を与えられた高校時代は何と楽だったのだろうと思うようになった。大学ではすべきことを見つけるところから始めねばならない。的外れなことをやってしまったらさらに時間と労力が要る。また、やるべきことの期限が決まっていないことの方が多い。自分がやりたいときにやりたい分だけやれば良いのである。裏を返せば、自分がやろうとしなければ絶対に始まらないのである。なすべきことを自分の意志で見つけ、その課題を自分に与えなければならない。すべてが自分の意志の強さに左右される。

　ではどうしてなすべきことを見つけるのか？　私は、大学の4年間でそれを見つければ良いと考えていた。社会人として働く前にいろいろな視点から物事を幅広く捉えられるこの時期が、自分に合った目標を探し出す最もよいときだと思う。友達と話すことで、単に楽しむだけでなく目標を探すヒントも得られるだろう。そういう意味で友達との「出会い」を大切にしたいと思う。

1.2　1年生YKさん

　私は、千葉大学教育学部小学校教員養成課程にいる。これは、1年前には夢にも思っていなかった場所である。私は小学校の頃から小学校の先生になりたいと思っていた。本当に尊敬できる先生に恵まれていたからである。ところが偏差値重視の高校にいて、教育というものに失望し、教員への夢はしぼんでいった。中3のときにアメリカでホームステイした経験から国際関係に興味を持ち、国際法を学びたいという気持ちから法学部受験を決めていた。目標は決まったものの成績は横ばい。それもそのはずで中学のときからやっていた部活の練習に明け暮れていたからだ。

　迎えたセンター試験の点数はさんざんなものだった。私は必死で合格できそうな大学をインターネットで探した。地元の大学なら合格圏内であったが、1人暮らしがしたかった。そんなとき千葉大学教育学部を見つけた。小学校教員養成課程の定員が多く、しかもセンター試験の点数が私に合っており、Bラインに－1点。それからの1か月は必死だった。そして合格。晴れて千葉大生になれた。しかし、大学に入ってからというもの「第1志望じゃない」を連発していた。「センター試験で失敗さえしていなければ今頃情緒豊かなあの街にいられたのに」と。そう思えば思うほど卑屈になっていった。

　このＨＰの「新入生諸君へ」の項を読んだとき自分のことだと思った。「偏差値にさようならをして、今の自分を肯定し、今の自分を伸ばしていきたい」と思ってはいるが、なかなか前向きになれない自分の背中を押してもらった気がしている。私は第1志望でないどころか、第2志望でもないところにいる。しかし、思い直してクラスやサークルの中に入ってみて友達と話しているうちにそういうこだわりも次第に薄れていった。今では一番自分に合った大学にこれたと思っている。大好きな先生を目指して勉強ができるし、好きなサークルで活動できる。日々の新しい出会いにドキドキしたり、ワクワクしたり新鮮な毎日を過ごしている。自分の考え方を前向きにしたお陰で、今の私がある。

1．3　1年生 ER さん

　私はまだ自分がしたいことが見つからない。私は「大学に入れば花の生活が待っている！」ということを心の支えに、ひたすら大学に入るための勉強をしてきた。そのため、自分のこと、したいことについて具体的に考える暇もなかったし、大学に入ればすぐに見つかるものだと思っていた。でも、実際入学してみると、高校とは全く異なり、時間割りから日程の確認と、何から何まで自分で行わねばならず、受け身の体制では何も始まらないことに気づいたときはとまどいを隠せなかった。今まで寸暇を惜しんで勉強してきたため「忙しいこと＝充実していること」という感覚が身についてしまっていた。そのため、何もせず考え事をしてボーッと過ごしている時間が無駄に思え、自分のしたいことを早く見つけなければと焦っていた。電話で親に相談したら「そんなにすぐは結果は出ないよ。焦らなくても時間は十分あるのだから、いろいろ経験して時間をかけて自分のしたいことを見つければいいんじゃない？」と言ってくれた。また、セミナーで飲み会があり、2・3年生の先輩の話を聞く機会があった。「あと2年で就職というタイムリミットがある中で、自分はまだやりたいことが見つかっていない」という悩みを聞いた。先輩でもそうなんだと少し安心した。

　このＨＰにも「大学にいる間に目標を見つければ良い」と書いてあった。また、「今」に追われることなく、楽しみながら「遠く」を見る立場に大学生はいるということや、学生は失敗が許されるということが分かって、結果を急がなくてもいいかなと思えるようになった。早く自分の生きがいを見つけようとするよりも、ＨＰにもあるように、人との出会いを大切にすることを心がけたいと思う。サークル以外で先輩と話をすることはめったにないので、この前のセミナーの飲み会は私にとって貴重な機会であった。同じように試行錯誤をして、自分の生きがいを見つけようとしている人が他にもいるということを知って嬉しかった。また、その先輩と話しているうちに、自分もどうすればいいの

かも何となく分かってきたような気がする。自分1人で考えていると、いつの間にか1人よがりになってしまったり、被害者意識が強くなって、自分で収拾がつかなくなってしまう場合もあると思う。そんなとき、自分と全く違う考えに出会ったり、アドバイスをもらったりすれば、ぶつかっている問題に対して違う視点から見ることができ、新しい考えも出てくるかもしれない。だから、自分のやりたいことを見つけようと思って構えるよりも、意外と日々の生活の中でちょっとしたことがヒントとなり、見つかることもあると思う。そう考えると、人との出会いは本当に大切であると思うし、その出会いが何らかの形で自分の人生に関わってくると思う。

1.4　1年生MIさん

　このHPの「新入生諸君へ」は、現在の自分を見つめ直す非常にいいきっかけになったと思う。私がこの大学に入ったのは、周りの友達がみな大学に行くからということと、自分の学力で入れそうなところというものだった。だから大学に入っても、目標などはもちろんなく、面白くもなくつまらなくもなく、といった生活を送っていた。これを読んで、何かやりたいことを見つけてみようと思った。特に「自分は何をしたら良いか分からない君へ」はとても納得できた。私は大学で本当に仲のいい友達はできないと思っていたし、正直いらないと思っていた。なぜなら、大学は高校と違ってとても自由だし、皆それぞれがプライベートな時間を大切にしているだろうと思ったからだ。しかし、入学して3か月経った今、私にはとても大切な友達ができた。正直驚いた。そしてここにも書いてあるように、自分の世界が広がり、新しい自分を発見できることを実感できた。友達と過ごす時間が長くなればなるだけ、素の自分を見つめ考え、これからのことについて考える時間も長くなった。今までの私は、今のことだけ、楽しいことだけを追い求め、いつも楽な方へ楽な方へと流され、自分の考えも持っていなかった。

　それが、友達と出会ったことで、こんなにも自分が変われたことをとても嬉

しく思っている。しかし、私にはまだやりたいことが見つかっていない。毎日楽しいし、充実しているといえばしているが……。大学にいる間にやりたいことを見つけ、その準備をしてから卒業したいと思う。早くそれを見つけたい。これからいろんなことにチャレンジしていきたいと思う。失敗しても、支えてくれる友達がいると思ったら、どんなことも恐れずにチャレンジしていける気がする。

1.5 1年生SMさん

　私が千葉大に入学して、もうすぐ3か月になるところである。この3か月はとても早く過ぎたが、内容がとても濃いものであった。

　正直に言うと、この大学は第1志望ではなかった。しかも、教育学部を志望していたわけでもなかった。他大学の文学部・英文科の方に進学したいと思い、高校3年間必死で勉強した。ところが、センター試験で不覚にも失敗し、泣く泣くこの大学の教育学部・小学校教員養成課程を受験した。「現役にこだわっていた」ということもあり、入学を決意したが、入学してからも悩みごとの連続だった。英文科を志望し、将来は英語教師または通訳になりたいと思っていたが、私が現在所属している学科は「音楽科」である。確かに音楽は大好きであり、「音楽の先生になる」のが小学校からの夢であった。しかし、私がピアノが弾けないので音楽の先生にはなれないと思っていた。5歳から音楽教室に通っていたが、2年ほどでやめてしまったので、ピアノ専門でやってきた人と同じにやれるわけはないと思い、一時は大学をやめようと考えた。しかし、「とりあえずがんばってみよう」と心を入れかえてこの3か月を過ごしてきた。ＨＰにもあったが、「入学した以上、こんなはずではなかったという気持ちを捨てさること」が大切だと思った。現役合格を心から喜んでくれた両親たちの思いを無駄にしてはいけないと思ったのだ。そして、今はとても充実した楽しい大学生活を送っている。

　このように楽しい毎日を過ごせるようになったのは、やはり「友達」のおか

げである。自分が音楽科であることに全く自信が持てなかった私に自信を与えてくれたのが音楽科の仲間たちだ。ピアノが全く弾けない私でも全く気にせずに「同じ音楽科の仲間」として受け入れてくれた。ピアノの授業が始まり、基礎の基礎から始めても、仲間たちが「ガンバレ！」と言い続けてくれ、バカにするようなことはなかった。むしろ、私の上達する姿を見続けてくれ「うまくなったね」とほめてくれ、自信を与えてくれた。私も彼らの長所を見つけて、恥ずかしがらずにほめてあげることにしている。お互いに支え合っていることを実感できる仲間たちである。

　また、音楽科の先輩との出会いも大切なことであった。ある先輩は私と同じように全くピアノが弾けずに入ったが、この1年をやりとげてきている。その人とは幸運にもサークルが一緒で、吹奏楽の同じ打楽器のパートなので、いろんな相談をさせてもらっている。不安なことは、その先輩に聞いてもらい、アドバイスをもらえるので本当に安心できる。

　サークルの吹奏楽団の仲間との出会いも、私の大学生活に与えた刺激はとても大きい。とりわけ、1年生の仲間は大切である。中でも、男の子たちとは食事に行ったりしていろいろなことを語り合い、男女の考え方の違いなどを感じ、大きな影響を与えられた。私は高校が女子校だったので男子と接する機会が少なく、彼らと関わることはとても新鮮なカンジがする。

　「大学は出会いの場」とは、まさにその通りだと思える。この3か月の間にあった数え切れない出会いは、私のこれからの4年間を充実させるために必要不可欠だったのだろうと思える。これらの出会いで得た、大切なもの、仲間とともに、「本当に楽しかった」と心から言えるような大学生活を送りたいと思う。

1.6　1年生TKさん

　私は希望の大学に入り、やりたかった部活に入り、短期間の間に素晴らしい友人もでき、とても充実した大学生活を送っている。HPにあったように、初

めは全く分からない場所に1人取り残されている感じで不安だった。高校までと違って、大学では自分が行動を起こさなければ何も起こらない。先輩や同級生の力により何とか順調にここまできた。

　私はどちらかといえば、自分から人に話しかけていくタイプであるが、気を使い過ぎてかえって相手を疲れさせるようである。私はそういう自分が嫌でしょうがなかった。ＨＰの中に、「自分の嫌なところが見えてきたというのは大きな進歩である」というのを見てとても感動した。自分の嫌なところは他人に見られたくないし、1人で考えて気持ちが沈み、人に会いたくないと思ったりした。しかし、自分の嫌なところが見えてくるということが、新しい自分を発見するプロセスだと知り、このような思いを抱えているのは自分1人ではないという安心感のようなものが感じられた。

　私は、今子どもたちと接するアルバイトをしている。将来教師を目指す私としては、子どもたちの心理状態や学校運営についての講義を受けているが、そこでははかることのできない実際の子どもたちの考えに触れることができる。友達、先輩、子どもたち、意見が合わず離れて行った友人、いろいろな人に出会うことができて良かったと思う。自分の欠点を考え過ぎ、人と会いたくない時期もあったが、やはり私は人がいないと生きていけないと改めて思う。

1.7　2年生SKさん

　私の大学生活を振り返ると、たくさんの重要な出会いをしてきたと思う。クラスの12人の仲間は、今ではかけがいのない人たちとなった。彼女たちのお陰で、私は自分を磨くことができ、悩んで落ち込んだときには励まされ、自分を肯定することができたり、数えきれない多くの問題を乗り越えてきた。友情という言葉では言い表せないくらいの大きな深い存在になりつつある。ＨＰの言葉を借りていうと「自分を認められる」のだ。彼女たちと一緒にいるときは、同性であることもあるが、「必要以上に自分を良く見られようという気を起こさないで、ありのままの自分を出す」ことができるのだ。彼女たちの前で、自

分の素直な感情を出し、自分を客観的に見ることができる。この12人の親友との出会いは私の人生の中で大きな意味を持つだろう。

　もう1つ私にとって大きな出会いがあった。それは、今一番大切に思っている人との出会いである。初めのうちは、単に見ていて幸せになれる存在であった。しかし、友達となり、話をするうちに、彼の底知れぬ魅力を知り、今ではとても良い刺激を受けている。私は興味が広く、単純で、感情的で、自己中心的な存在である。このように自分のことが分かるようになったのも彼のお陰である。彼と話す中で「自分」というものを真剣に考えた。また、相手のことも真剣に考えた。他人の心は分からないけれど、想像力を最大限に働かせて思いやり、幸せをたくさんもらった。彼は、いろいろなことにいつも全力投球で、自分にとても厳しい人だと思う。そういう面を私が全く持っていないので、尊敬している。私も彼と出会う前よりは、いろいろなことに努力するように変わってきたと思う。単なる恋愛と片付けてしまえばそれで済んでしまうが、1人の人のことについて多くの時間を使って考えるということはなかなかできないと思う。これほど1人の人間のことを思う経験はこれから先あるかどうか分からない。何より良かったのは、彼を知る度に自分を磨こうとしたことだろう。この1年半、自分なりに大きく成長したと思う。これからも彼への思いは大切にしていきたい。

　大学ならではの知的好奇心をもたらしてくれる学問との出会いがある。大学に入るまでは勉強を心から楽しいと思うことはなかった。いつも「〜するため」という義務感があり、「知りたい」という知的好奇心はどこかに行っていた。しかし、大学の講義を聞いていて思ったことは、すべての学問は繋がっているということだ。このことが分かってから、私はどの分野にも興味を持てるようになり、それらを学ぶことが楽しくなった。そして、この気持ちを将来自分が教える子どもたちにも味わって欲しいと強く思うようになった。多少興味のないことでも、いろいろ経験して損はないという考えができるようになった。それで、いろいろなものを見る機会も増え、人と出会う機会も増え、ますます自分を大きくできている気がする。ＨＰを読んで思ったことは、学問と出会うことの中にも人との出会いがあるということである。

ＨＰの文章と自分の今までの大学生活を照らし合わせてみて思ったのは、自分の生活が他者との出会いのお蔭で成立し、豊かになっているということを知り、より前向きに自分や友人を肯定して生きられるということだ。

1.8　2年生SHさん

　大学生活1年半の中で一番私に大きな影響を与えているのがサークルやバイトを通しての人間関係である。大学という所は、本当にいろんな考え方を持った人が集まっていてとても面白い。育ってきた環境が違うから、自分と全く考える視点が違うなど、自分の考えを見直す機会がとても多かった。「友達を通して自分が客観的に見えてくる。リアルな自己と向き合うことが可能となる」という言葉には、すごく実感した。高校までの私は、自分に自信がなかったし、欠点を自分の一部なんて認められなかった。でも大学にきて、いろんな人に会って、自分が客観的に見えてくると、欠点あっての私だと自分を好きになることができた。ＨＰにあるように、自分が好きになると、他人とのつき合いも以前よりはうまくできるようになったし、自信もついた。
　恋愛のところではなかなか考えてしまった。私はけっこう恋愛下手である。今まで、恋人と友達の中間みたいな関係で、嫌われたくないという気持ちから深入りしたことはなかった。好きという感情でほどほどのつき合いはしてきたが、私はまだ愛という深い感情を知らない。「恋愛は人間としての成熟度が問われる」というところに目がとまった。恋は内面がさらけ出てしまうものだ。自分がけっこう心が狭いんだなとか、人に頼るのが好きなんだなとか、今まで知らなかった自分を知ってけっこう驚く。共に成長し変わり合っていく関係を育てるような恋愛をするために、自分が人間として成熟しなくてはと思った。
　また、大学に入って実感したのが自由の怖さである。まず授業の取り方が高校と全く違う。すべては自分の判断で決まる。ＨＰには、判断がつきにくいことは直感力が頼りと書いてあって驚いた。物事を判断するのはもっと理論的なものが必要だと思っていたからだ。でも良く考えてみると、どちらか迷ったら

自分の直感で選ぶことが非常に多い。感性は人生を豊かにし、人生の岐路において重要なことなので、感性を活性化しようと思う。

　私は今、親の援助を一切受けずに大学に通っている。授業料は免除だから良いが、生活費を稼ぐのはとても大変である。アルバイトに追われ、授業に出ることで精一杯だ。アルバイトでは、いろんなことを経験できてとてもためになることが多い。家計のやりくりやお金の価値、働くことは生きることに繋がるなどいろいろなことを学んでいる。しかし、教育の勉強をもっとしなければと思う。私の根性と時間の使い方しだいで、勉学とアルバイトはうまく両立できるのだろう。しかし、自分に甘い私は、生活費を稼いでいるのだからしようがないと理由をつけて両立は無理だと思っている。仕送りなしで生活しているのはかなり自信になっている。しかし、勉学にも力を入れないと将来が不安になる。夏休み中に稼いで、後期は勉学にもう少し力を入れようと思う。

1.9　2年生HRさん

　私は大学を選ぶとき、そのときつき合っていた人の行く大学か、その近くの大学に行こうと思っていた。「それは依存だからやめた方がいい」言われた。今ではこの大学はいい大学だと言えるが、そのときは「私と近くにいたくないんだ」と思ったり、寂しくてしょうがなかった。しかし、その言葉のお蔭で、今は少しかもしれないが孤独を知ることもできたし、自分のしたいことも伸び伸びできていると考えている。ＨＰに、「自分を認めるにはありのままの自分を認めることである。他人も自分をなかなか認められず悩んでいる存在であることを考えれば気が楽になる」とあったのは、目からうろこであった。

　そう言えば、何でもできて凄いなあと思う憧れの先輩も自分の思うようにいかず悩んでいた。「必要以上に自分を人に良く見られようと思わないで、自分を出してみる」……こういう生き方をして、人と接することができれば、自分も周りも楽だし居心地が良いと思う。「友達とのつき合いが成熟の助けになる」というのはそのとおりだと思う。私は高校のとき、友人を通して今まで意識し

なかった欠点を知ることができた。それが今の人間関係をつくる上でとてもプラスになっている。友達とのつき合いを通して自分の欠点を気にしなくなった。欠点を隠すのがうまくなったように思う。それはありのままの自分を出していないのかもしれない。しかし、私は以前に比べて成熟した。これからも柔軟に対処したい。人との出会いの中から孤独に耐える勇気を持てるようになりたいし、毎日を前向きに生きたい。

　私は大学生になって始めて1人暮らしをした。大学を卒業しもし地元に帰ったとしても、親とは一緒に暮らさないと思う。親と一緒に暮らすと、干渉が多くなるし、食事や生活など自分のことは自分でやりたいからである。私の姉は今働いていて親と一緒に暮らしているが、母が私に「お姉ちゃんは食事の注文が多くて大変だから外食してくれると助かる」と言ったことがある。その言葉を聞くまでは、親と暮らし、親の目の届くところにいることが親孝行なのだと思っていたが、それを聞いて「そんなことはないんだ」と思った。親も子も、お互いに自立して、お互いを尊重し、ときには批判されたりする関係が良いのだと考える。

第2章　自分自身に出会う

2．1　1年生 NS さん

　「孤独な自分、ありのままの自分を認める」。この文章を読んではっとした。子どもの意識を持った大人、というのも現代の大人を表している言葉だと思う。大人になったつもりで、実際は全く成長していなかったりする。「人間は孤独である」と訴えながら、他人に依存して生きている人間も多くいる。そんな中で、本当の友達や恋人をつくっていくことができるのであろうか？　かくいう私も他人に依存することでしか自らを見つめることができない人間の1人である。偉そうに言ってはいるが、結局ただの頭でっかちでしかないのだ。知識はあっても実践できていないのだ。正直なところ大学内で友達がいるかと問われたら NO と答えるかもしれない。一緒に授業を受け、昼食を取り、遊んだりする友達は何人もいる。しかし、私は他人と接するときどうしても構えてしまい、素の自分を出すことができない。それをしようとしてもできないのである。

　その前に、素のありのままの自分とは何か？　私にはこの問題が大きくあるのである。今回このＨＰの中にそのような記述があったが、私にはさらけ出すということなど理想論であり、奇麗事である。誰だって人には見せることのできない内面的な自己を持っている。「そんなことない。私はすべてをさらけ出している」という人もいるかもしれない。それは自分がそう思い込んでいるだけではないだろうか。しかし、他人と本当に歩み寄りたいと思うならば、自分で納得できる範囲のありのままを見せる努力をしなければならない。本当の孤独を知ることなしに、己のありのままを自覚していない私に「本当の友達がいるか？」と聞かれたら、きっと悩まずにはいられないだろう。

　また、恋愛においても私は不器用だと思う。本当に好きな人にはとことん甘

えたいと思ってしまうのだ。甘え＝依存になってしまうのだ。今、わがままに似た自己のさらし出しの中で依存している相手がいる。その人のことを信頼しているためにそうなっていることもあるし、どこか自分自身の性質を演じているような面もある。結果として共に成長することがない。この人に関しては、恋愛とはいささか違うが、形として近い気がするので記してみた。私は自分を出してはいるが、それはあまりにも一方的でむちゃくちゃなものである気がする。それは、やはり私が人間的に未熟であり、孤独に耐えることのできない人間であるためであろうか。そんなことを思った。こういった自己分析を経て、自分が成長するかと言えば、必ずしもそうではない。しかし、己を全く知ろうとしない人間よりも可能性があるのである。これから先成長を遂げることができるか否か。それは分からないが、努力をしようと思うことができた。少しは自分を見つめ直すことができたと思う。

2.2　1年生MDさん

　このHPを読んで、最も印象深かったのは学生生活の過ごし方についてである。なぜなら、入学してからの約3か月を何となく忙しく流されながら過ごしてきた自分の姿を思い返し、「自分」について見つめる機会となったからである。今の自分は大学生という立場を都合よく考え甘えていたような気がする。何をするにもただ漠然とした目的意識しか持たず、周囲に流され気分次第の行動も多くあった。自分の意志で決断することがないため「やりがい」や「充実感」を得ることはできなかった。その反面、「これでいいのか、自分が大学でやりたかったことはこんなことだったのだろうか」と自問自答する自分も存在し、このHPを読むことでそういった気持ちが強くなり、入学した当時の夢ややる気に満ちあふれていた自分の姿を思い出すことができた。

　次に「自分」について考えた。自分とは何なのか、この漠然とした疑問に答えてくれる人はいなかった。しかし、このHPでは、その直接的な答えではないにしろ、答えを自分で見つけるための方法が示されていた。「自分を見つめ

周囲を見回してみる。孤独な自分、ありのままの自分を認める」。これを読んでとても勇気づけられた。自分というものが分からず、投げやりになっていた自分を考え、それを自分だと客観的に見つめることができた。そして、そんな自分を変えるのもまた自分であると分かり、何だかやる気というか期待感でいっぱいになった。そして、そんな自分といろいろなことを共有できるのが友人の存在である。私は大学に入ってから本当に気の合う友人ができた。その友人は自分と違った意見でもきちんと自分に伝えてくれる。友人と話していると、自分より友人の方が自分を理解しているのではないかと思うくらいである。親友の存在は今の私にとって大きな意味を持ち、とても大切な財産である。また、サークル活動、クラス、アルバイトなどは価値ある場だと思う。積極的に「出会いの場」に踏み込んで、自分のためになる人間関係を築きたいものだと思う。

2.3　2年生SMさん

　このHPの中で私が一番印象に残ったのは「自分を認めよう」というところである。かつて私は他人に映る「自分」を気にして、本当の自分を出さないばかりか、本当の自分は何なのかさえ見失っていたように思う。私は物事をはっきり言ってしまう方なので、友達から陰で性格がきついといわれたことがあった。その友達は自分のことをよく分かってくれていると思っていたから、私は素直な気持ちをぶつけることができ、彼女も私に何でも話してくれていると思っていたので、とてもショックなことでした。それから、他人と親しくなっても、嫌われてしまうのではないかという考えが先走って、本当の気持ちが言えず、自分がますます嫌いになっていった。偽りの自分を演ずるどころか、それが本当の自分になっている気さえした。

　そんな自分がどうしようもなく嫌いで悩んでいたときに、先輩から「おまえは見栄っ張りだ。いつも周りに壁を作って自分のいいところだけを見せようという考えが分かるんだよ。そうやって見栄を張っても何の意味もないと思うよ」

とはっきり言われてしまった。自分でも分かっていることなので、悔しいやら恥ずかしいやらで、そのときは何も言えなかったが、今ではとても感謝しているし、とても仲のいい先輩の1人である。

　ＨＰに「必要以上に自分を人に良く見られようという気を起こさないで、ありのままの自分を出してみる。そうするとありのままの他人を受け入れることができる」とあった。私はその部分に大いに共感し、心が打たれた。その出来事があってから、もっと気楽にいこうと思えるようになった。先輩が私に本音をぶつけてくれたことで、先輩に対して素直な気持ちを言えるようになったし、他の人に対しても「自分」を出そうと努力するようになれた。すんなり「自分」を出すようになるのは無理だが、少しずつ自分の気持ちを伝えることで、今までの悩みが薄れていった。そうすることで、自分を客観的に見ることができるようになったと思う。自分の長所・短所を知り、それを認識することで自分に自信が持てるようになった。自分はどうしたら良いか、前向きに考えれるようになった。

　ＨＰにあったように「たとえ失敗しても自分にとってよい経験になるし、自分から積極的にいくことで今まで知らなかった友達の一面を知ることができる。ありのままの自分を出すことで、ありのままの他人を受け入れることができる」という部分にとても共感した。先輩がもし私の背中を押してくれていなかったら、今の私の周りの友達は違うものになっていたであろう。だから、先輩に会えて本当に良かったと思う。人との出会いは、自分を成長させてくれる本当に大切なきっかけである。これからも人との出会いを大切にし、お互いに良い刺激を与えられるようにしていきたいと思う。

2．4　2年生STさん

　私はこのＨＰの全文をプリントし、何度も読み返した。私は幼い頃からずっと自分というものについて考え続けている。今では、周りの人からコミュニケーション上手だとかいわれているけれど、昔はちっともそうではなかった。今

でも、母親とのコミュニケーションは表面上の平和を保つ程度しかとれていないし、中学までは気だけが強くて、反発ばかり買っていた。今思うと、自分が孤独な存在であることを認めるのが恐かったような気がする。それで、自分というものをほとんど消して、他人の顔色をうかがいながら、みんなが望む「自分」を精一杯つくっていた。転校してからは、好かれなくてもいいから嫌われない人間になろう、自己主張してもそれを許してくれない人もいるからとおとなしくしていた。ところが、高校でラグビー部のマネージャーをすることになってからは大きく変わった。ここでは、人の顔色をうかがってから行動していたのではとうてい間に合わないし、誰も何をするのか教えてくれない。大人の人への挨拶、選手がやりやすいように必要なものを準備し、後かたづけをするなど、先を読みながらそのときの行動を決めていかねばならない。そのとき、初めて他人の立場に立って考えることの難しさを知った。

　私が昔のことをこのように書いた理由は、今は全く違うふうに考えているからである。ＨＰの「学生生活の過ごし方」を読んでいると昔の自分を思い出す。この文章をあのころの私にぜひ読ませてあげたいと思う。ここで書かれているのはとてもいいことだと思うし、多くの人が救われるとは思うが、ただ受け入れられるのは自分に自信があったり、ゆとりがある人だと思う。つまり、友達であれ、恋人であれ、自分が本当に気を許す相手がいる人は、この考えを受け入れられる。しかし、そういう相手がいない人は、そんなことは幸せな人間がいっているに過ぎないと受け入れられないように思う。他人も、自分を認められず悩んでいる孤独な存在であることを考えられるのは、もうすでにそれができている人なのだと私は考える。私が、「人間はみな孤独な存在である」と聞いたときは、正直嘘だと思った。周りを見れば、仲よさそうにしゃべっている女の子の集団やカップルがいる。自分は１人である。そんな状況で、人はみな孤独な存在であると認められないのは当然だと思う。

　私がこの言葉を受け入れたのは恋人の存在だった。それは、他の誰でもない私を唯一のものと認め、そして必要としてくれることだった。私は１人じゃない、その安心感があって１人の人間として客観的に自分を見られるようになった気がする。

2.5　3年生AT君

　どうしたら現在の自分を認め、そこから出発することができるのだろうか？私は自分を認めることができないでしょう。私は自分が嫌いだからです。自分の容姿も性格もすべて嫌いです。ありのままの自分を出すということは、自分の嫌いな部分を相手にさらけ出すようなものです。自分の嫌いな部分を出して共感を持たれるのは、神様のような人でしょう。そんな人はいないでしょう。しかし、100人の人間がいれば、100人の考え方、性格があるはずで、そういう人と気が合う人もいれば、合わない人もいるでしょう。人というのはエゴのかたまりみたいなもので、最終的には自分が一番大切となる。そんな人間がすべてありのままの自分を出し合ったら、人間関係なんかこの世から消えてなくなると思うくらいです。確かに、自分の周りには自己中心的な考え方で、相手の気分を害することを平気でいう奴がいました。彼らは、自己中でしたが、勉強がよくできるとか、スポーツ万能とかで彼らの友達もあこがれに似た気持ちでつき合っていたのかもしれません。私は彼らが嫌いでしたが、いくら優れた人間でも謙虚さが無かったら何も魅力を感じません。

　孤独に耐えることができる人が他者を思いやり、集団に入って行くことができる。……これが本当だったら私は今のようになっていなかっただろうと思う。私は孤独であること、1人でいることが好きだ。他人に気を使わなくても済むからだ。友達と一緒に出かけるとき、気が許せる友達でも自分の意見をズバズバ言えない。どこかで遠慮している自分がいる。しかし、自分1人でどこかに出かけるときは、そんなことは一切考えずに済む。自分の行きたいように行き、自分のしたいことをする。知らない街で、いろいろな通りや建物を発見するのはとても楽しい。

　1人でいることに慣れてしまったのは、高1の頃からか。中学1年のときにいじめにあいました。クラスの3分の1ほどを敵に回しましたが、一緒に帰ってくれる友達がいて心の支えになりました。2、3年では3人から陰湿にやられま

した。3年のときに3人組の1人を窒息死させかけてからは嫌がらせも減り、とても楽しい時を過ごすことができました。この中学時代に、今の自分の性格が決まってしまったのかもしれません。さらに、問題だったのは高校に入学してからです。私は中高一貫の私立高に入りましたが、私のクラスは内部生と外部生の混合のクラスで、グループの人間関係ができあがっており、友達の中に入り込めませんでした。高1では気の合う友達を1人もつくることはできませんでした。この頃から1人でいることに慣れたのです。しかし、初めのうちはとても寂しかったのは事実です。だから、孤独であることの寂しさは理解しているつもりです。

　ある程度バカになること、友達同士で集まるときには結構私も盛り上げ役を買って出ます。しかし、知らない人が多かったり、年上の人が多かったり、自分よりも先に盛り上げ役が出てしまうと、ことごとく気分が萎縮してしまい、その場の雰囲気と反比例の気分になってしまうのです。結局、盛り上がっている輪の外に出てしまい、1人冷めた目で見てしまうのです。下手に酒に強く、酔わないので、飲み会のときは本当に嫌気がしました。

2.6　3年生HMさん

　このHPを読んで、私が今まで感じてきたことがいくつか書かれていて、人は私と同じようなことをみんな抱えて生きているんだなあと思い、少し安心した。私は高校のとき、「高校の規則で束縛された生活」または「親から常に監視されているような生活」が嫌で、1人で新たに一から自分の世界を形成したく、1人暮らしと新たな世界の形成のために大学に来た。特に応用化学の勉強がしたかったわけではなく、今まで束縛されてきた外の世界を手に入れたい、都会生活も経験してみたい→そのためにはある程度の束縛を取り払わなくては→大学へ入るなら1人暮らしができる→国立なら授業料が安い→化学くらいしか大学へ入る手立てがない→センターで関東内で入れそうな国立大学がここくらいしかなかった。というふうに削除法的にここの大学学部学科進学が決まっ

ていった。1人暮らしができたことに関しては後悔はない。ただ、この方法で進路を決めたことに関しては後悔はある。

　大学に入って、今まで経験したことのない、いろいろなことを経験したように思える。高校生までで得られたものの何倍も経験値がアップしたように思える。人との出会いを通しては、高校時代までの考えと180度変わってしまったこともたくさんある。まず、人間関係について、高校までは決められた選択肢のないクラスの中で過ごしてきたものだから、クラスの人の中から集団を深めなければならなかった。大学でも私は初めはクラス内集団行動の人だったが、ある事件がきっかけで今までのクラス内集団行動の1人から、自分と合った人だけとの深いつき合い、さらに自分と合った場所をいろいろなところに求めるようになった。大きな壁に何度もぶち当たり辛かったこともあったけど、そういった経験が良い方向に進んでいる。これからも頑張っていけるような気がする。

　ある事件というのは学科内の集団でのトラブルだった。集団陰口とかあって、高校までの私だったらそれでもその集団に媚びようと、何とか合わせる努力を重ねていたかもしれない。大学だからこそ様々な選択肢があることを知り、他のいろいろな世界から来た人との出会いにより、そういった集団の中から抜け出す勇気をもらった。昔だったら集団から抜けるとあの人は性格が悪いから見放されたんだとか思われるかと気が気で仕方なかった。しかし、集団の中で自分を抑えるより、自分と合った人とだけ個人的なつき合いをしていけば良いという新たな考えを見いだせた。個人と対立して、その人がどうしても自分に必要な人だったらどんどんぶつかっていけばいい。でも必要のない人なら自分から切り捨てていけばよい。これは人から自分が切り捨てられるのではなく、自分から取捨選択するものであり、合う人が見つかるまでどんどん世界を広げていけばよい。それこそ、バイトなり、自分の趣味の方向であり、サークルなりといった方向で自分なりの考えを見いだしていった。

　また、大学に入ってから自分自身の考えが、大きく変わったと思う。これでいいのだろうか、私は大丈夫だろうかと"悩む"ことが多くなった。ときにはあまりにも課題が辛すぎて、したくもない内容の勉強にこれほどの苦痛を感じ

て大学に来たことを後悔したこともあった。今では少なくとも"割り切る"ことを覚えた。すべてが自分の思い通りにいくはずがない。本当にしたい"自分の世界の形成"、"自分で考えて自分で選ぶこと"を今できているんだから、1人暮らしの寂しさや、大学での課題の辛さ、日々尽きることのない悩みはその代償であると考えて今は割り切って勉強している。その上で、社会に出るまでに自分の後悔のない大学生活を送るべく、毎日何かを求め、探して、悩んでいるような気がする。

　ときには自分の考え、意見を人に認めてもらえずに悩む日もある。でもいろいろな人がいるから社会が成り立つのであって、全部に認められる、全員と仲良くするのは無理だ。誰か1人でも自分の意見に賛成してくれて、自分を認めてくれる人がいれば自分はやっていけるような気がした。それまでの自分は誰にでも好かれたい、皆に認めてもらいたいと、自分を作ってでも頑張っていた。でもそんなことは無意味だと分かったときから、自分に素直に生きることに一生懸命になった。ありのままの自分を認めてくれる人が、自分を作っていた頃に周りにいた人よりもはるかに心強く、安心していられる自分の居場所だった。今でも、新しい人間関係をつくることにはめっぽう不器用な方であるが、少しずつ探りを入れながら、ぶつかって築いていくことを覚えたし、そんな人間関係の築き方にあまり恐れなくなったことだけでも進歩をしたと言えよう。

第3章　友達に出会う

3.1　1年生SKさん

　大学に入学して3か月が経とうとしている。もうそんなに経ったのかと思う反面、まだそれだけでしかないのかと驚かされている。それは、私がこの大学で素晴らしい友人と出会ったことが影響している。大学で経験したことは新しいことだらけである。時間割の取り方、授業形態、サークル、教授を交えた飲み会……いろいろなこととの出会いが転がっていた。新しいことというのは楽しいものである。しかし、何といっても素晴らしいのは人との出会いである。うれしいことに、私には友人がたくさんいる。その中でも、とりわけ仲がいい友人が4人いて、いつもその中の誰かと時間を共にしているように思う。その4人というのは、たまたま新入生ガイダンスのときに、学科専攻が一緒で話すようになった。何かがお互いに合っていたのであろう。私はこの出会いでこの大学に入れて心から良かったと感じている。

　実は、私はこの大学が第1志望ではなかった。それどころか、学科も志望とは違っていた。ショックだった。しかし、今ではそんなことはどうでも良くなった。これも友人たちのお蔭である。驚くべきことに、私と同じ思いをしてきた友人がその中にいて互いに思いを打ち明けあった。それがかえって良かったのだ。大学というのは似たような夢や考えを持つものが自然と集まる場所だった。そこで出会う人とは、分かり合えるものが多い。互いに似た夢を持っているが、その中でも違った考えがあるのがとても楽しいし、自分に良い影響を与えている。人間として、普段の生活の中で考え方に影響されることもあるが、同じ学問に興味を持ち、その中で考えを分かち合えることにも喜びを感じている。私は志望していた学科とは異なって、初めはショックで変えて欲しいと思

ったが、同じ教育関係の領域を学ぶことは決してマイナスではなく、むしろプラスであると感ずるようになった。自分が考えもしなかった新しい学問と出会えたのでそれを生かしていきたい。それを学んだ私はきっとその前の私より豊かな人間になれるような気がする。私は多くの出会いを楽しもうと思う。常に興味を持ち、楽しもうとする心を忘れないようにしたいと思う。

　私は大学に入って自分が少し変わったような気がする。自分に大きな影響を与えているのが1人暮らしという新しい経験である。その中で、自分の中でいろんなものを大切にするようになったし、自分を見つめる時間も増えた。特に大切さを痛感したのが友人である。大学のすぐ近くに住居があり、友人がいつも出入りする。その中で、一緒に生活する時間が増えた。私は人に頼ることを覚えた。以前の私は1人で全部やってしまわないと気が済まないタイプであった。いい意味で人に頼る、そして感謝することが抵抗なくできるようになった。もちろん、その分頼られることも多いし、それはそれで嬉しい。それを知っているから頼れるのだ。これがＨＰにある「ギブアンドテイク」に繋がっているのかもしれない。

3.2　1年生HRさん

　最近「ここに来れて良かった」とか「友達になれて良かった」という言葉を発している自分に気づくことが多い。「大学は出会いの場」のＨＰを読んで、「そうか、自分は良い出会いをしたからこんな気持ちでいられるのか」と思った。私は図工科に属していて、美術などものを作るのが大好きである。自分の作りたいもの、描きたいものを納得のいくまでやることが多く、ときには朝までかかることもある。そんな中で友達といろいろ話をすることができる。1人でするのは大変なことでも、友達と一緒だと辛く感じない。むしろ、作業で残って話をするのが楽しみでならなくなった。大学は、人と人との関わりが深いところであると感じた。自分が望めば、いろいろな人の体験や考えを聞くことができるからである。単に仲が良いばかりではなく、お互いに注意できる友達

というのは自分が変わることのできるチャンスであると感じた。絵を描いていて、だいたいは「良い」と言ってくれる。しかし、「ここがおかしい」とか「こうした方がよい」という意見を言ってくれる友達ができたのである。そういう点は自分には見えないで、言われて初めて気がつくものである。私は、そういう意見を言ってくれる友達に一瞬驚いたが、本当にうれしかった。それを意識したり、改善することでもっとうまく描けるようになるのだ。

　私は、「大学は出会いの場」のＨＰを読んで、そこで書かれていることが、絵を描くことにも通ずることを感じた。失敗を恐れては何もできないし、自分の力を過信しても失敗してしまう。チャレンジして良いものを作ろうと努力すると良いものができる。スポーツ、音楽、勉強でも通ずるものがあると思った。いつまでも前の絵にこだわらず、それまで描いてきたものをすべて真っ白にして描き直すと、良い絵ができることがある。「逃した魚は大きかった」と嘆いている心では良いものは描けないと思う。もっと良いものを描くぞという気持ちが必要だと思う。それまで頑張っていたものを消すというのは勇気が要ることで、なかなか難しいことであると思う。こういう勇気を持って頑張れる人になりたいと思った。

　レポートを書くという形でＨＰを読んだのであるが、そんなことはもう頭から抜けてしまった。このＨＰに出会えて本当に良かったと感じた。これも１つの出会いであると思う。読んでいてどんどん引き込まれてしまい、次のページに移るのが楽しみであった。読み終わってとても元気な気持ちになってしまったのだ。これからの大学生活の中で、この出会いで学んだことを役立てていきたい。

3．3　1年生TKさん

　「大学生になったのだからもう大人」という考え方に私は賛成できない。ついこの間まで、同じ制服を着て、気ままに過ごしてきた高校生が急に大人になれるはずがないからである。

大学生は何でも自分で自由に決められる立場にあるけれど、人に流され、自ら決断して決められない人も多いと思う。だから大人とは年齢に関係なく、自分のなすべきことを自分で決められるようになった人だと思う。まだ大人でない私たちは、大人になろうと意識を持つことがとても大切だと思う。

　私はクラスのとても良いメンバーに巡り会えた。皆それぞれに個性的であり、すごい良い人ばかりで、私は恵まれている。私は一浪したのだが、昨年どこかの大学に行っていたら、このクラスのメンバーとは決して会うことはなかったのだなあと思うと不思議である。

　このクラスのメンバーと会えたのも運命だと思う。昨年、予備校に通ったが、自分から話しかけることができず、友達ができなくて少し辛い思いをした。そんなこともあって、入学式前の"Festival Amigo!"に行ったとき思い切って自分の方から話しかけてみた。とても緊張したが、その相手の人がたまたま同じクラスの人で、話しがはずみ緊張がしだいに解けていった。やっぱり、友達をつくるには自分から積極的に話しかけることは大切なんだと改めて思う。私は人と話すことが好きで、面白いことを言うのも好きで、そういうふうに自分を出していった。友達づくりにはサークルも含めて大成功したと言っていい。ところが、先輩と話すことが苦手で、先輩の前では自分をうまく表現できない。つい緊張してしまう。だから、先生にはＨＰで「先輩・年上の人との上手なつき合い方」というテーマで何か書いていただきたい。

　恋愛については、残念ながら今まで彼氏ができたことがない。高校のときにもう少しかもというところまでいったのだが、私は周りの人の目が気になって、つき合うところまでいかなかった。恋愛に関して私はどうも積極的になれない。友達づくりと全く逆である。先輩と話すのと同じで、何をどう話して良いのかよく分からない。彼氏ができて、何を話しているのか逆に不思議である。でもやっぱり、積極的な女の子はうらやましい。今のところ出会いはほとんどないが、友人関係が広がっていくうちにあるだろう「出会い」に期待しよう。

3.4 1年生TEさん

　このHPでは、「学生生活の過ごし方」が得るものが多かった。「自分を認めよう」で、私は最近ありのままの自分を認めつつあると思っていたが、それが勘違いであるためか、必要以上に人に良く見られようとする。友人と接するとき、ありのままでありたいと思うが、そんなときに限ってありのままの自分がどんなものか分からなくなってしまう。そこで、私は自分を認めてはいるが、まだ好きになっていないことに気がついた。私の自分の認め方は、自分の欠点ばかりを認めていて長所を見つけて認めることができていなかったのだ。今後は自分の長所を認めて自分を好きになることを目標に生活していきたいと思う。

　「友達をつくろう」は、特に興味を持って読み始めた。なぜなら、私は大勢で行動するのが苦手で、友達がつくりづらい。1人になりたくなくて、人に良く見られようとして、ありのままの自分を出していないことが原因であるのは薄々感じていた。やはり、1）にある通り、孤独に耐えられる人間ならありのままを出せるのではないかと思った。しかし、2）のある程度バカになることは私にとって非常につらい。私は見た目ではおとなしくてまじめな印象を与えるため、正統派、まじめで片づけられてしまい、バカになることができない。バカになるときはタイミングが大切だと思う。初対面の場で、「この人はおもしろい、明るい」という印象を与えないとバカになるきっかけが得られない。過去に何度もあった友達づくりの経験から、バカになることは必要だと分かっていた。しかし、タイミングがずれたらその機会を逃してしまう。私がいつもその機会を逃していたのは、孤独に耐えられない人間だからだと思う。孤独に耐えられる人間は、自分をありのままに出せることに加え、バカになれる。

　高校のとき、移動教室が増えるにつれて1人で行動するようになった。昼休みには1人で勉強し、お弁当も1人で食べた。私はそのことで、孤独に耐えられるようになったんだ、成長したんだと思っていたが、正直に振り返ってみる

と、孤独に耐えられるような顔をしながら心の中ではいつも寂しがっていたのだと思う。これからは、人生の多くある岐路を自分で決めて行動できる人になりたいと思う。私は、「孤独に耐えられる人」というのをこのように捉えた。

　また、私は友達づくりが下手なため、いつも少数の人と深い間柄になる。しかし、親友なのかと問い返してみると、親友は2、3人しかいないと思う。仲良くはなるが、ほどほどの距離は保てなかった。ある人は、1人で行動できない人で、何係になるか、何のクラブに入るか、美術でどんな絵を描くか、すべて私に尋ねた後、すべて私と同じようにした。そんな日々が続くとうっとうしくなる。ある人は、何を比べても私より数段上の人で、「あなたはここが悪い」と指摘してくれたが、私を同等の人間とは認めてくれなかった。私はその人に憧れを感じていたため自分の成長にはなったが、それは一方的なもので、互いに成長するものではなかった。

　ＨＰにあった親友の定義は納得できるものであった。この定義にあてはまる友達といるときが一番心が安らぎ、生活も楽しく感ずる。大学に入学してこの定義にあてはまる友人2人を得た。高校は進学校で、勉強が中心で親友が得られなかった。心の支えが得られず苦しい日々が続いたが、今は毎日が楽しく、何事にもやる気が出てきた。親友がいるだけで、こんなにも生活が変わるものかと少々驚きもしている。

3.5　1年生SRさん

　確かに人間は孤独な存在だと思った。何をやるにしても結局は自分次第だし、最終的な責任は自分にかかってくる。しかし、人は1人だけで生きようとしてはいけない。結局は孤独と分かっていても、常にどこかで誰かを求めているのだと思う。私は「友達」という言葉と「親友」という言葉をうまく使い分けることができない。「親友」というとどこか重みがあって、そう簡単に口に出してはいけないような気がするからだ。

　私は高校時代、仲の良い女の子4人でいつも一緒にいた。その中の1人の子

とは特に仲良しで、「いつも」一緒にいたといえる。しかし、私は四六時中友達と一緒にいるのが苦手で、その子の存在が次第にうっとうしく思えてきた。その子は、友達に対しても、恋人に対しても独占欲が強い子であった。私は「今日何時に帰るの？」とか「昨日何していたの？」とか聞かれる度に生活が監視されているような気がした。でも、自分がそういうふうに感じていることを口に出すことはできなかった。しかし、彼女は大学に入ってから友人関係がうまくいかなくなり、精神的にかなり辛かったらしく、久し振りに彼女に会ったときに私はあぜんとした。もともと細い方だったが、本当にやせ細ってしまっていた。別の友人から彼女は友人関係がうまくいっていないと聞いてはいたが、まさかこんなにまでなっているとはと驚いた。対人恐怖症のようになってしまった彼女は、私が近づくと少し震えているようだった。それでも私に会いたいと言っていた彼女は、「今日はあなたに謝りにきたから私に遠慮せずに何でも言ってね」と言った。その瞬間、私は涙が出そうになった。彼女も今にも泣き出しそうだった。私は何で彼女がここまで変わるまでに彼女の状態に気づいて彼女の悪いところを指摘しなかったのだろうと自分を責めた。当時私は浪人生であったので、大学生である彼女の生活を想像するのが困難であったが、彼女を客観的に見ることができた。そして、その場でお互いに言いたいことを言い合い、彼女も自分自身を変えたいと言った。彼女は相手の気持ちを考えずに行動することが多く、人を傷つけることが多いと思ったので、そのこともきちんと伝えた。それと同時に、自分も相手に対する思いやりは常に忘れないようにしようと思った。そして、相手の悪いことを指摘しないことの方が問題であり、嫌なことから逃げてはいけないと思った。

　ほんの数か月間のできごとであったが、このことを機に彼女とは最高の「親友」である。今、私は千葉で彼女は埼玉にいてまさに「適当な距離」を保っている。しょっちゅう連絡をとっているわけではないが、ふとしたとき「会いたいな」と思ってしまう。このような友人は生涯なかなか得られないと思う。そういった友人を大切にしていきたいと思う。

3.6　2年生MGさん

　私は一浪して千葉大学に入りました。自分に合った大学選びができて本当に良かったと思います。思っていた通りの大学で、喜びをもって1人暮らしの新しい生活を始めました。ＨＰにもあったように、親からの自立ということも大きかったと思います。半年くらいはアルバイトをせず、親からの仕送りだけで生活していたのですが、最初の方は本当に消費物を切り詰めていました。仕送りということは、親が働いたお金であり、遠くの地で1人で暮らしているといえども、親がいるからこそできるので、まだ、自立でも何でもなく、単に親から離れて生活しているに過ぎないと思います。家族がいるからこそ、自分がここに1人で生活していられるのだという家族感を植え付けられたように思います。私の親は千葉に行くことを反対はしませんでした。内心はとても寂しかったろうと思います。夏休みに帰郷したさいに、周りの人から春には母がやせ細って心配だったということを耳にしました。母の私に対する想いと、どれほどの愛情のもとで19年間私が育ったのかを実感しました。親の気持ちは親にならないと分からないと言うけれど、感謝の気持ちだけは大切だという気持ちになれました。

　私の大学生活での最初の「出会い」はクラスメイトでした。気の合う仲間とは自然と一緒にいて、気がつけば必ず相手のことを気づかい合う間柄です。友人であるということは、ＨＰにもあったように、自分をどこまで見せ合うということかもしれません。ありのままを見せるということは、テストで100点とるより難しいことだと思います。でも人間は孤独なものであって、人に見せられない部分は孤独の中に存在するのだけれども、それを万人同じだと考え、その部分も自分なんだと認めること、その努力も人生だと思います。自分をつくる状況にある大学の間こそ、その努力をすることは大切なのではないでしょうか。私はここにきて、1人だということを実感しつつも、他人も1人で孤独だからこそ仲間でおれるということに気づきました。千葉大に入って1か月目に、

つき合っていた人に失恋をしてしまいました。立ち直るのには数えきれない日々が必要で、どうして毎日を過ごせばよいか分からずにいたときに支えになってくれたのは友人たちでありました。人の心は変わるものという事実を受け入れることができない私でしたが、人の心は変わることで成長するもの、成長しなければ人間ではないと教えてくれた人もいました。そして、ＨＰにあった「変わりあって、2人で成長することが望ましい」ことも納得しました。失恋をすると、特別に孤独を感ずるもので、本当に自分は1人だと落ち込んだときに、私は1人じゃない、私を必要としている人がここにも存在するのだと教えてくれたのも私の仲間でした。その痛手を乗り越えて今があると思えるようになったのも成長だと考えています。相手から逃げずに、現実から逃げないことは心が強くなる第一歩だと思うのです。

　このＨＰを読んで、正直な感想を言うと、こんなにもはっきりと大学生活を言葉にしてあることにとても感動してしまいました。「大学は出会いの場」という言葉を理解していたのは「人」との出会いだけだということでした。人以外の学問、思想、職業、趣味などに対しても「出会い」があるのだと気づきました。それからＨＰの最初にあった「大学は自由な場で、自分から何もしなければ何も与えてくれない」という一文に目が止まりました。大学では自分から学びたいことを見つけて授業を組み立てることは、1年以上大学生をやっている自分にとって当たり前と思っていたのに、そういう状況こそ学問などとの本当の出会いになるのだと認識できたように思います。

3．7　3年生EJ君

　私がこのＨＰの中で興味を持ったところは"学生生活の過ごし方"である。"人間は1人で生まれ1人で死ぬ""人は孤独"という文が目に付く。ポジティブな考え方というのはネガティブな考えがあるからこそ存在するのだと思う。人間は孤独、自分は孤独、だから他人も孤独、よって孤独である自分を認めると気が楽になる。無理が無いですか？　人は孤独であることを認めるのではな

く認めさせられるのだと思う。気が楽になるという言葉はまるでみんな孤独なんだから、孤独なんて吹き飛ばせ的な意味に取れる。私は孤独という感情はとても重要であり。むしろ、ポジティブな考えよりネガティブな考えの方が人を大きくする土台だと考える。しかし、それはその大きなネガティブを自分の行動力にポジティブ変換できた場合にのみ意味がある。私は孤独を捨てたくない。孤独を胸に持ちつつ、自分をポジティブな方向に傾けて進みたい。

友人について、「どうすれば集団の中に入っていけるのか」についてだが、1)の「孤独に耐えること」は先ほど述べたように、そうは思わない。それは奇麗事だと思う。「孤独に耐えられる人ほど他人を思いやれる」というが、人が孤独に耐えられなくなるとどうなるのか教えてもらいたい。自殺？　ひきこもり？　犯罪？　人を憎む？　どれも当てはまらないんじゃないかと思う。人は孤独ではあるが、耐えるものでも耐えなければならないものでもないと思う。孤独に耐えれば集団の中に入っていけるのではなく、集団の中に入り楽しんだり、人のやさしさに触れたりすることで孤独という感情が紛れるだけであると思う。

親友の定義については賛成である。人間関係を組み立てる術を持つことが大事であることも分かる。孤独の紛らわし方は人それぞれであり、勉強、遊び、恋愛などさまざまである。そのときに、自分を高めるという1つの目標を持ちつつ孤独を紛らわしていくといいと思う。私は恋愛に対して客観的な意見を持てない自分を知っている。それは、問題だと思う。ＨＰにあるように恋愛をする人は、人間としての成熟度が問われる。ということは当たっていると思うが、孤独に耐えることが成熟という意味ならばそれは賛成できない。出会いを多く経験したヒトほどチャンスに巡り会う確率が高い、と言う文についてはどうかと思う。恋は盲目というが、恋をしている人には孤独なんていう言葉は頭にない。寂しいと思うときはあると思う。でもそれは孤独ではない。

要するに、恋をしているときは、孤独に耐えるだの、そういうことは考えない。考えるとしたらその恋が終わったときである。別れ際になり、自分のどこが悪かったんだろうなどいろいろ考えそのとき本当の孤独を思い出す。出会いの数だけ別れがあるのだからそのチャンス（孤独を味わうことによる自己拡大）

は多いほうがいいだろう。それだけ深い人間になれるのだろう。また、その逆を考えたとき、逆というのは恋に盲目しない（孤独であることを持ち続ける）ときのことである。そのとき、その2人はとてもうまくいくだろう。なぜならその2人のうち少なくとも1人は心を開いていないのだから。いや開けないのかも。うまくいってるようでうまくいってない。だらだらとおんなじ関係を続ける。時間の無駄。チャンスは多い。だからこそ1つ間違えるとその他の多くのチャンスを逃してしまう。そのことに気づく人がどれだけいるでしょうか。1つ例を挙げるとしたら、それは親友を持っている人でしょう。要するに孤独をどれだけ持ち続けられるか。それはその人の、客観性につながるでしょう。

　このＨＰを読んで、私が日ごろ思っていたこの感情を文章にして表すことができた機会をとても感謝している。

第4章　恋人に出会う

4.1　1年生YRさん

　「恋愛の仕方」を読んで、「恋人と友達の中間みたいな関係が増えている」「お互いに深入りすることを避けて、深く話し合うことをしない」「傷つくことを恐れて恋愛したいけどできない」この文章を読んでドキッとした。まさしく私のことではないかと思った。

　私は中学3年から高校1年にかけてつき合っていた男性がいた。その人は近所の人で、幼なじみと言っていいくらいの人なのだが、確かにより好かれたいと思っていろいろな意味で自分を向上させることはできたと思う。しかし、苦しんだり、悩んだり、つらいこともたくさんあった。別れる原因になったのは、つらく苦しい時間の方が多くなってしまったからだ。私から別れを告げたものの、私はその後の約3年間ずっとその人を忘れられないでいる。

　新しい恋をしようとは思っても、自分が傷つくのが怖くて一歩前に踏み出すことができないでいる。学科の友達とよく恋愛の話をする。友達とは考え方がずいぶん違うと思うことがよくある。友達は男女関係をあっさりしたものと考えているようだ。ある人とつき合っていても別の気になる人が現れたらあっさり前の人と別れたり、好きでふられてもその気持ちをひきずらない。私のようにある人を好きになるのは怖いことかもしれない。一度好きになると、もうその人しか見えなくなってしまうからだ。その場合、その人を失ったときにどうなってしまうのだろう。そうなってしまうのが怖くて次の恋ができないでいる。でも人を好きになる前から別れることを考えてしまうのはバカなことだと思う。最近、ようやく前向きに考えられるようになってきた。私も誰かを支え、支えられ、共に成長し、変わり合える相手が欲しいと心底思う。どんなに仲の

いい女友達でも自分を変えることができない力を好きな人は与えてくれる。Ｈ
Ｐにあったように、孤独に耐える力をつけようと思う。そして、人生を共にず
っと歩める相手を早く見つけたいと思う。

4.2 1年生YKさん

　このＨＰのエッセイはとても面白かった。特に私が興味を持ったのは「恋愛
の仕方」である。ちょうど今私は恋愛について悩んでいたからだ。つき合って
いる男性がいるのだが、あまりに彼が好きなあまり、ずっと一緒にいたいと思
い、遠い大学に通っているのに、毎日のように会いたいとわがままをいい、た
だ甘えるだけとなってしまっていた。そして、少し距離を置こうという話を
持ち出されてしまった。そのときは本当に悲しかったが、一生懸命我慢した。
　そして恋愛について一生懸命考えているときにこのエッセイを読み、まさに
その通りだと思った。私はその人を愛するよりはその人に甘えているだけであ
ると思った。まず私が自立する必要があると思う。彼の優しさに甘え、溺れて
しまったらそれはただの依存だと思う。そういう状態にある自分が許せなかっ
た。恋愛を深くするまで、自分にこのような感情が出るとは想像もしなかった。
そして、今まで軽く恋愛について考えていたのだと、とても驚いた。恋愛とは
とても難しいものだと思う。それはやはり2人でするものだから。
　ところで、距離を置く期間を決めてはあったが、意外なことに、向こうの方
が会わないのに耐えられなくなり、予定を早めて会うことになった。会わない
間、彼のことを考えずにいられるように努めていたせいか、落ち着いた気持ち
で過ごせたと思う。自分のこの感情はとてもいい状態だと思う。前は依存する
だけの状態だったが、今は他のことにも目を向けられる余裕を持てるようにな
ったと思う。向こうは心の中の恋愛の割合が少ないが、今は彼なりに精一杯私
に愛情を示してくれていると思う。私にとってみれば、少しさみしくもあるが、
それが長続きする恋愛の姿だと思っている。

4.3　1年生ＨＹさん

　恋愛……この世でこれ以上難しい問題はないと思う。感じ方は人によって違うのだろうが、少なくとも私には人生の謎だ。自分の好きな人が自分のことを好きでいてくれるなんて、奇跡に近い。こんなことを考える私は性格が歪んでいるのだろうか？　いや、そんなことはない。最近よく聞く話、「別に好きじゃないけれど、告白されたからとりあえずつき合ってみる」とか「断る理由がなかったから」。何て相手に失礼な。でも、これが現実のようです。今街を歩くカップルたち、彼ら全員がお互いに好きで一緒にいるわけではないんだな、と私が考えても不思議は無いはずです。そして、生まれてこの方、私には彼氏がいない。私によっぽど魅力がないのか、私がよっぽど不器用なのか。「傷つくことを恐れて、恋愛ができない人」の部類かもしれない。いや、きっとそうだ。この文章を読んだとき耳が痛かった。私はまだ上手に恋愛する術を知らない。

4.4　1年生SHさん

　ＨＰの「学生生活の過ごし方」を読んで共感する部分がかなりあった。しかし、1か月前の私がこの文章を読んで今のように感じられたかどうか分からない。1か月前に手痛い失恋をしてしまったのだ。大学生としての恋愛は今までとは違って、大きな責任が伴っていることを痛感した。私は大変ショックを受け、落ち込んだが、そこから見えてきたものもとても大きかった。まず、私がどうしようもなくなっているときに、支えてくれた友人、家族の大切さに気づいた。今まで私は家族以外の人に頼ることをしてこなかった。家族から離れて1人暮らしをしている私は、不安定な気持ちを友人に話し、思い切り頼った。私は今までそういうふうに自分をさらけ出すことを格好悪いし、友人に迷惑を

かけることと思っていた。でも「頼りたいときには他人に頼っていいし、そうして欲しいと思っている人も周りにたくさんいるよ」と友人が言ってくれて本当に嬉しかった。自分のありのままをぶつけてみると、ちゃんと答えてくれる人が自分の周りにたくさんいることに気づいて、自分はとても幸せなのだと思えた。そうすることでとても楽になり、物事を前向きに捉えられるようになった。ＨＰの「ありのままの自分を出すこと」の大切さが分かった。「失敗を恐れず行動すること」を大切だと思えるようになった。

　私は今まで、人間関係を円滑に進めるために、その場の雰囲気に乗って表面的にその場を流すことがあった。傷つくことや、相手にどう思われるかを考え過ぎて、調子のよいことばかり言ってその場を流していた。私は傷つくことを恐れて何もせずに逃げるより、素直に自分の気持ちを出すことの方がよっぽど大切なのだと思えるようになった。そして、傷ついても、支えてくれる友人や家族がいて、そのことを前向きに捉えられる自分がいると今は思える。

4.5　1年生ＴＨ君

　「恋愛の仕方」についての感想と自分の体験を書きたい。つい最近私は1人の女性と別れた。彼女とは高校1年からつき合い始め、一緒にこの大学に入学することができた。彼女とは3年近くを共に過ごしたことになる。彼女との時間の思い出をここで長々と書いてもしょうがないが、お互いの性格、趣味、感性、つまり人間性はよく理解し合っていたと思う。私は別れが告げられるまで彼女を信頼していた。ではなぜ別れが訪れたのか、結果的に「好きな人ができた」ということだった。「相手が3年生だから彼は余裕を持って私に接してくれる」と彼女はいう。彼女は相手の「優しさ」、「余裕」、つまり、人間の大きさ、包容力に魅力を感じたのだ。

　ＨＰにはこう書かれていた。「このように恋愛する人は、人間としての成熟度が問われている。1人の人間として孤独を味わったことのない人間がどのように人を愛することができるのだろうか？　他人を思いやる経験をほとんどし

ていないでどのように他人を愛することができるのだろうか？　自分が傷つくことを恐れて生活してきた人がどのように人を愛することができるのだろうか？」……この言葉は、恋人を失った私の心を突き刺し、また暖かく包んでくれた。これほどの真実が他にあるだろうか？　少なくとも私にとっては。結果として別れることになったのは、私が1人の人間として孤独を味わったことがなく、他人を思いやる経験も少なく、自分が傷つくことを恐れて生活してきたためである。このように人間的に成熟していない人間は自分が傷つくことを恐れて、相手に依存してしまう。やはり、人間的に成熟していないと望ましい恋愛は難しいのだろう。

　私が今回の経験で悟ったのは以上である。恐らくこの経験がなかったら、このＨＰの文章の半分も理解できなかったかもしれない。今回、失恋の経験をしていろいろなことを知った。大学生活における学習、人間づきあい、サークルなどを通して、人間的に成熟するということが、私の現在の目標である。

4.6　1年生SYさん

　今特に思うことは、恋人の存在が私を支え、私を変えてくれているということである。友人とはまた別の、特別でかつ最も身近な存在である。私は自分に自信がなく、自分が認められず、ありのままを素直に出せない人間です。だから、人から好かれようと必要以上に考えてしまい、八方美人になって、結局逆効果となってしまうのです。ところが、私の恋人は私の欠点を無視するのではなく注意してくれるのです。それで、一緒に直していこうと言ってくれるのです。私は今までこんな人に出会ったことはなかった。ありのままの私を認め、包み込み、そして悪いところを一緒に直していこうとしてくれる人なんていませんでした。私は、恋人にはありのままでいられます。彼といると疲れないし、逆に元気になります。どんな私でも受け入れてくれると分かっているので、安心し、心が安らぐのです。

　こんな彼と一緒にいることで、自分自身が変わりたいと強く思い、少しずつ

実行するようになりました。何より、ありのままの自分、自分のすべてを受け入れてくれているという基礎がしっかりしているので、安心して前へ進めるのです。認めてくれることなしに、変わることはないのだと思います。自分を認めないと自分を変えられないのと同様に、誰かが自分を認めてくれることなしに、安心して変われないと思う。私にはそれがある。だから私は変われる。変わってみせます。彼とならありのままの自分でいられるように、友人とも周りの人ともありのままの自分、大好きな自分として接することができるようになっていきます。

　ＨＰの文章を読んで以上のことをすごく思いました。自分に欠けていたものをすごく感じました。自分の周りの人々の力、自分の意識、考え方の変化などを客観的に振り返ることができました。大学はとても素敵なものを私たちにもたらしてくれる。この4か月だけでもたくさんのことを学んだし、体験した。これからの4年間にもっとたくさんの人に出会い、たくさんのことを体験するだろう。これからの出会いが本当に楽しみです。ＨＰの文章を読んで大学生活に大きな希望が持てました。これが実現するように、自分も積極的に前に進んで行きたいと思う。

4.7　1年生 AN さん

　私はＨＰの「恋愛の仕方」を読んで納得してしまいました。次々と相手を変えてつき合ったり、二股をかけたりしている人を見かけます。そういう人は「1人の人間として孤独を味わったことのない人」だと思います。多分、そういう人は孤独になるのが怖くて恋愛しているのだと思います。自分本位の考えの恋愛で、本当の恋愛ではないと思います。

　そういう私も、本当の恋愛をするだけ成熟していないのです。高校生のときにつき合っていた人がいました。初めのうちは、相手のために自分の時間が無くなっても、必要以上の束縛も、全く嫌だと思わなかったのに、受験生になって、生活が変わってくると、次第に心が変わってしまいました。毎日かかって

くる電話や、見え始めていた欠点が気になり出して、嫌になってきました。無意識のうちに相手に冷たいことを言う自分が嫌で、会うのを避けるようになりました。それでも食い下がってくる相手を疎ましく思うようになり、恋愛対象と見ることができなくなってしまいました。私は自分本位の人間だと思います。寂しいときだけ彼氏が欲しい、忙しくなったら自分のことだけで手一杯だから彼はどうでもいい。……そういう考え方をする奴なのかなあと思うと、自分自身嫌な奴だと思いました。相手にも成熟していない部分があって、依存してくることが、未熟な私には窮屈になったという面もあるかもしれない。それでも、私がもう少し成熟しておれば……と思います。私は本当に相手が好きでつき合っていたのだろうか？　ただ彼氏が欲しかっただけで恋愛する自分に酔っていただけ？　と考えると分からなくなってしまいました。ＨＰの文章を読んで、ああ自分はまだ成熟していないんだ、自分が傷つくことを恐れているのかもしれない……と思いました。

4.8　1年生MHさん

　この大学で大学生活を始めてみるとなかなか思うようにいかなかった。まず、自分の学科になじめなかった。男子が比較的多く、活発な雰囲気のクラスで、女子校で波風なく暮らしてきた私は構えてしまい、クラスで友達をつくるのに出遅れてしまった。バイトも始めたが、真面目に働き過ぎで「面白さ」が感じられない。「どうして私はこうなんだろう。どうしてうまくいかないのだろう」と思いながら、「出会い」の場がたくさんありながら、何もせず待ってだけだった自分に気づいた。

　気づいたのは、大学で知りあった彼が、私のことをぼろくそに批判してくれたからだ。「いい子ぶって疲れる」「一緒にいても気を使う」「なんだか言動が教科書通りだ」「生徒を引き付けるような良い教員になれない」「真面目すぎ」「何かやってくれるパワーが感じられない」とか、私には全く反撃できない痛いところを突かれてしまった。そんなつもりで生きているわけではないが、周

囲の人にはそう見えるのだろうか？ 20年間の自分の生き方や考え方のすべてが否定された気がした。彼と私は「教員になりたい」という夢以外では違う点があまりにも多い。私はマイナス思考に陥りやすいのに対して、彼は基本的にプラス思考だ。性格は違っていても、お互いに高め合えれば良い関係はつくれると思うのだが、彼は自分に似た人間でないとつくれないと思っているようだった。それだけ彼は自信にあふれている。彼が人間として成熟しているのに対し、私はしていないということなのだろうか。「私はそんなダメな人間なのだろうか？」と一気に落ち込んだ。

彼は、中学高校で体育会系の厳しさを経験したり、大学を受験し直したり、いろいろなバイトをしたり、1人暮らしをしたりしている。私は浪人したくらいで、そのような経験はない。彼にとって私は「高めてくれる」人間ではなかったのかもしれない。私は彼に追いつきたいと思った。そして、彼を見返したいと思った。自分のことをダメ出しばかりされ、人格そのものまで否定されたようで、むかついたし、悔しかった。傷ついたし、落ち込んだし、泣いたりもした。そんなときに、このＨＰを見た。「出会い」の話はよく彼もしていたなと思いながら。自分のことを冷静に見つめようと思いながら。

たとえ「いい子ぶっている」と言われても、人の気持ちを第1に考えて行動したいと思っている自分は好きだ。相手に自分の気持ちを押しつけさえしなければ、自分の長所だと思って伸ばしたいし、変わりたくない自分の大切な気持ちだ。でも、構えてしまうところ、いつも一歩引いてしまうところ、まじめ過ぎて疲れるところ……まだまだあるが、自分でもうんざりするところ、彼にしっかり指摘された欠点だと思うところはなくしていきたい。そうすることで、大学生活もより楽しくなると思うし、自分も好きになれるだろう。確かにあそこまで厳しく言われ、自分も傷つかなければここまで考えなかっただろう。今はまだむっとするが、彼には感謝したい。ほんの少しの自信を持って、もう一度彼と向き合いたい。

ＨＰを見て、心からそう思う自分がいただけでも大きな進歩だと思う。さっそく、大学祭に向け、サークルの活動には毎日参加している。そして、今まで行こうとしなかったクラスの飲み会に行ってみたりした。サークルもクラスも

楽しいと感じられるようになっている今日この頃の自分を大切にしたい。自分のやりたいことも、どんどんチャレンジしたいと思ってうずうずしている。自分を壊すには勇気がいる。でも、壊してみたい。自分にもっと自信をつけていきたい。そして、人間としての個性と魅力をつけていき、大学を卒業して教師になりたい。やろうと思えば何でもできる気持ちになれた。

4.9　3年生MH君

　このHPを見て一番印象に残ったのが「恋愛の仕方」の次の文章である。「恋愛する人は、人間としての成熟度が問われることになる。恋愛する人は、孤独に耐えることができる人でなければならない。そうでないと、相手に依存することになりうまくいかなくなる。2人の関係を育てる中で成長し、変わり合っていく関係を育てるような恋愛が望ましい」……少し前に恋人と別れた自分には重い文章であった。もっと早くに読んでいたら良かった。僕は孤独に耐えられなかった。読んでいて自分が情けなく感じられた。同時に、自分をもっと成長させようと思った。
　いろいろな「出会い」こそ人間が変わるチャンスです。これから、まだまだ長い人生ですが、出会いを大切にして、新しい自分に出会って頑張り、ときには頑張らず、楽しい人生を送れるよう自分を成長させてみたいと思います。

第5章　自分の生活に出会う

5.1　1年生 KY さん

　私にとっては、自分の中の子どもを克服するのと、親からの自立を進めるのは同じことである。自分の中の子どもの部分は、親から自立し切れていないところにあるのが自分で分かる。しかし、どこまでが自立なのか、その境界線が分からない。辞書で「自立」という言葉を引いてみると、「他の助けを借りずに自力でやっていくこと。ひとりだち」とあるが、どうもはっきりしない。私の場合、自立しようとする前に、「親が大学生になっても干渉するから自立できないんだ」と勝手に考えてしまう。毎日誰とどこで遊んでいたか、今は誰と電話していたかなどをいちいち言わなければならなかったり、私個人のことなのに「今日中にやっちゃいなさい」と言われたりする。高校時代よりは減ったものの、今だに小言が多い。

　そして、何よりも自分の部屋がないため、いくら家族といえどもプライベートが全くないのが困る。自分の机はあるものの、机の中ですら覗かれることがある。しかし、それを親に言うと、親にだって言い分があるようである。毎日毎日遊んできて、家の手伝いをしないとよく言われる。自宅生の甘えであり、家に帰れば食事は用意されているし、洗濯だって出しておけば洗ってもらえるなど、家事をやらずに済んでしまうことが、自立できない点の1つであろう。

　私の家では、親に干渉するなという前に私が親が願う条件にならないと契約が成立しないようである。そこで自立してやると決意はするものの、「自宅通学ではあっても自宅を下宿として捉え、自分のことは自分でやる」というが、どこまでが自分のことだろうかという疑問がわいてくる。食事の準備、後片づけ、洗濯、掃除をしたりというのは分かるが、お金についてはどうなのか。学

生だからアルバイトはしたとしても収入は少ないから生活するには厳しい。しかし、私の友達でもアルバイトの収入で生活をやりくりしている人はいる。その辺はどこまでが自立というのだろうか。親との相談の上決めることなのだろうか。

5.2　1年生NZさん

　私は一般の親とは反対に、「私が家から通いたい」と言っているのに、親の方から「県外に出て1人暮らしをしなさい」と言われた。結局、親の思惑通り1人暮らしをすることになった。4月から1人暮らしを始めたのだが、精神的なものから5月にジンマシンになってしまった。大学から誰もいない狭い部屋に帰り、自分で食事の支度をして、1人でテレビを見ながら食事をするという生活は予想以上に辛かった。眠るぎりぎりまでテレビをつけていた。寂しさと、緊張と、水の臭いによって、強いと思っていた自分の心は押し潰されてしまったのだ。そんなとき、HPにも書かれているように親のありがたさを知った。今まで親に感謝したことなどなかった自分がいたことに初めて気がついた。18年間何をしていたのだろうと、改めて思い返すことができたのだ。今では、掃除、洗濯、食事などある程度のことをできるようになった。もし甘えて家から通っていたら今の自分はなかったし、親への感謝の念も生まれなかった。今は1人暮らしをさせたかった親の気持ちも理解できる。子どもが大人に変われる第一歩を踏み出せたのだ。親から自立したと胸を張っては言えないが、少しずつ自立に向かい始めていると思う。

5.3　1年生YKさん

　私は大学に入学して1人暮らしを始めた。今まで何1つ自分でやったことがないので今大変な思いをしている。部屋探しは親が一緒に見てくれたので良か

ったが、家具を揃えるのが一苦労だった。部屋の寸法を測り忘れていたり、そんなつもりでなかったのに組み立て式の家具であったりとずいぶん失敗した。あらゆることを考えて何が一番良いかを考えなければならない。1人暮らしは軽々しい買い物ができないことを実感した。私の部屋が大学に近いことが分かると、友達がすぐ遊びにくることも予想外であった。こんな狭い部屋でもかまわず友達がやってくる。洗濯を自分でやるようになって天気が自分の気分を左右するようになった。

　こうして1人暮らしをするようになって、距離をおいて親を見ることができ、親に感謝する気持ちになった。4人の子どもを抱え、なお仕事も家庭のこともこなす母親は本当にすごいと思う。今まで、あまり手伝いをしてこなかったことを本当に済まないと思う。1人暮らしで特に感ずるのは1人で過ごす寂しさである。親に心配をかけてはいけないという思いばかり強くて、1か月間全く連絡しないときがあった。本当は親と話したいのに我慢していたので相当なストレスになっていた。母の声を聞いて次第に涙がこみあげてきた。母に「あなた泣いているの？」といわれ、「だって我慢していたのだもん」とついに本音が出て涙が止まらなかった。母の方でも電話を待っていたらしい。親と距離をおいて親のありがたみは十分分かり、干渉されない自由も味わっているが、実際はまだ親離れができていないせいか、もう少し干渉して欲しいのが本当のところである。

5.4　4年生YMさん

　私は大学入学を機に1人暮らしを始めた。地元は新潟だが、とにかく親元を離れて1人暮らしをすることに対して憧れがあって、親の猛反対にあいながらも必死に説得して、国公立の大学に合格したらという条件で1人暮らしの許可を得た。実際に千葉に来て1人暮らしをするようになって、当時考えていた以上のものを手に入れた気がする。HPの文章に「事情が許せば、1人暮らしをすることが自立をする近道である」とあったが、まさにその通りだと思う。実

家にいたころの私は親に甘え、頼り切っていた。いざ1人暮らしを始めてみると、身の回りのことをすべて自分でやらねばならない。転居に伴う区役所での手続きをはじめ、公共料金の支払い、新聞の勧誘への応対などどれも初めての経験で、自分が社会の一員であることを感じ、大人であることを自覚する第一歩となった。風邪を引いて寝込んでも、友達が見舞いにはきてくれたりはするものの、基本的には自分1人で何とかしなければならない。1人暮らしで病気をすると本当に大変だということを実感したため、健康管理には気をを使うようになった。「自分のことは自分でやる」というごく当たり前のことをするようになって改めて親のありがたみを感ずることができた。その結果、親に対する感情も変化して今まで以上に親を大切に思うようになった。いい意味で「親も他人」であることを感じ、適当な距離を保ちつつ感謝の気持ちを持ってつき合うことができるようになった。

第6章 アルバイトに出会う

6.1 2年生MDさん

　私は青森県から上京してきたので、入学時には1人も友達がいなかった。それが、1年あまり経った今では多くの友達に恵まれている。主な友達は、学科、サークル、バイト先の人たちである。特に、私の今までの考え方を揺るがすきっかけになったのはアルバイトを通してだった。ピザ屋のバイトでは、大学生、専門学生、フリーターが主である。私は今までフリーターというものにあまり良いイメージを持っていなかった。フリーターの人は、会社という枠組みの中に縛られて働きたくない人たちであって、飽きてきたらすぐに辞めて別のところを探せばいいやという考えを持っている人たちであると思っていた。ところが、実際にそういう人たちと仲よくなって話をしていて、いろいろな考えを聞くようになると、自分は何て偏った考え方をしていたのだろうと思った。

　マスコミなどの影響を受けて、「フリーター＝だらしない人たち」というイメージを抱いていた自分が恥ずかしくなった。ヘリコプターの免許を取りたくて、海外に語学の勉強も兼ねて留学したりして試験を受けたが、何回か失敗して、それでも諦め切れずに再び留学するための資金稼ぎにバイトをしている人。音楽活動をしていたが、自分が本当にやりたいことは何なのか見つけるためにアルバイトを掛け持ちしている人などがいる。そういう人たちと話をしていると、何と自分は狭い考え方、物の見方をしているのだろうと思った。私は、それまで大学に入ることは当然のことで、専門学校に行く人は大学に行けない人が行くものだと思い込んでいた。

　私は去年1年浪人した。それは今となっては自分にとってすごく良い経験だったと思い、現役よりも1年浪人することをお勧めしたいくらいである。それ

が、大学受験に失敗した当初は、それがもう自分の人生の終わりぐらいに思えて悔しくて、情けなくて仕方がなく、立ち直るのに時間がかかった。そのときの自分は何とちっぽけだったのだろうと思う。高校が進学校で、周りは大学に進む人ばかりであったから、わずかに就職する人はいたが、私の目は彼らが異質なものに見え、進学のレールから踏み外してはならないという暗黙の雰囲気に従っていたような気がする。だから、私のように視野が狭くて、浪人したくらいで人生が終わったような度量の狭い人間よりも、そんな世間の波に流されず、マイペースで自分自身を見つめているフリーターの人がすごく素敵に思えた。彼らとの出会いで、私の目からうろこがとれたように、幅広いものの見方考え方ができるようになった。

　夏休みに、山崎パンのアルバイトをした。夕方5時から朝5時までの労働で、休息1時間という肉体労働だ。お弁当やパンや和菓子がそこで製造される。口にはマスク、手には手袋、白衣、白い靴をはいて、ひたすらゴマを振りかけたり、たくあんをそろえたり、バターやマヨネーズを塗ったりする作業を11時間続けるのだ。朝5時になって帰る気力もなく更衣室でしばらくボーッとしていた。驚いたのは、これを本職として働いているおじさんおばさんたちであった。こんな生活を毎日続けていて身体がおかしくなりはしないだろうかと不思議に思った。多くの人たちが寝ている時間帯に働いている人たちがいるからこそ、私たちはコンビニなどで買い物ができる。バイトという形で経験してそういう人たちに感謝する気持ちになれたと思う。

　また、韓国料理店のバイトで、韓国人や中国人の人とも仲よくなった。韓国人の彼女は、日本語学校に通いながら、アルバイトを2つも掛け持ちしていて、しかも課題をしっかりこなしていて、私などよりもずっと努力しているなと感じた。同じ年なのに就職をしていて、アルバイトもしている子もいた。バイトは夜2時ころ終わるのに、いつも最後まで働いて朝7時半から始まる会社に勤めに行っていた。そのタフな彼女に尊敬の念すら抱いた。この子のことを思い出すと、自分はまだまだ甘いと思い、それが励みになっている。

　こうしたアルバイトでの経験を通して、自分が今までいた世界とは何と偏った価値観の世界だったろうと思う。大学に来て、自分とは違った道を歩んでき

た人々に出会って、自分の固定概念や当たり前だと思っていたものが次々に崩れ、自分には良い刺激になっていると思う。現在、私は3つのアルバイトをし、2つのサークルに属している。時間をうまく利用して、これからもいろいろな人に出会いたい。私にとって「出会い」とは、自分自身の向上に繋がるものだ。

6.2 2年生AKさん

　アルバイトの良い所は、職種にもよるが年齢の違う人と関わりが持てることがあると思う。例えば、年上の人と接するということで敬語を使うようになる。店長、マネージャーなど身分的な違いなどによって敬語を使い分けたり、どこまで冗談を言ってよいか考えるようになる。私の場合、ファーストフードなので年下もたくさんいる。高校生と友達になれてとても良かったと思っています。また、お客様と接することで多くのことを学びます。とても急いでいる人への対応、無理な要求をしてくるお客様に丁寧にお断りしたり、口々に一気に注文してくる家族などの注文を確認しながら整理したり、分かりやすく、てきぱきとこなす力が身についたと思います。

　ファーストフード店というのは、店を回転させるのがとても難しいのです。注文されてから少し待ってもらって食事を出すレストランと違って、お客を「待たせない」ことが第1です。ハンバーガーやポテトなど、常にすぐ出せるようにしなければならない。ポテトを揚げたり、自分以外のレジでもポテトがオーダーされたら素早く持って行ったり、とにかく効率よく動かねばなりません。今レジを何台開けたらいいか、客席の混み具合、厨房の仕事の進み具合から判断したり、席を探しているお客が出始めたら客席に出て整理をしたり。

　これらは、将来教員になったらとても役立つだろうと思います。授業を真剣に行いつつも、教室の隅々まで目を向けなければならないし、休み時間や行事などのときも、目立つ子、目立たない子まできちんと見てあげなければいけないからです。私はファーストフードのアルバイトをして本当に良かったと思っ

ています。

6.3　3年生 YS 君

　「大学は出会いの場」を読んで、正直な話、ショックを受けた。なぜなら、この文章で切々と語られる「このままではいけない問題のある学生」というものに大学入学当時の自分がそっくり重なり、まるで自分が責められているような気がしてならなかったからである。

　自分が3年間通った高校はよい大学進学実績を持っていたので、在学中は東大や東工大といった難関大学に合格することを意識させられていた。さらに、成績上位者50名を集めた選抜クラスが設置され、自分もそのクラスに在籍していた。ただでさえ難関大学合格を念頭に置いた校風である上に、「自分はその中でも成績優秀者に選抜されるような特別な存在なんだ」という何とも勝手な思い込みがあって、自分も周囲の雰囲気に合わせて東工大を受験した。今思うとなぜあそこまで東工大に固執していたのか不思議だが、当時の自分としては東工大合格が人生の目的になってしまっていた。そんな考え方で受かるはずもなく、結局浪人する羽目になった。しかし、まだ根拠のない東工大への執着心を捨てきれず、翌年も東工大を受験したが、あえなく敗退。仕方なく後期受験で滑り止めの埼玉大学を受け、ようやく大学生になれたわけであるが、やはり納得がいかず、かなり落ち込んだ状態で大学生活がスタートしてしまった。

　そんなわけで、何かしっくりこないもやもやした思いが付きまとい、大学生になってからのことなど微塵も考えていなかったので、ただなんとなく授業を受けて単位をとるという単調な生活を繰り返していた。さらに正直に言うと、高校時代に備わってしまった悪い固定観念で、埼玉大学のような中堅大学にいる学生というのは、ろくに勉強もしておらず不真面目で話も合わないだろうと勝手に思いこんでいたので、人づき合いも避けていた。今思うと当時の自分は何様だろうかと思えるほど高慢な人間で嫌気がさす。自分から大学での「出会い」を避けていたわけである。

高校時代に偏差値教育にどっぷり浸かっていた自分は大学でもその悪風習を引きずり、ただ良い成績をとるために勉強していた自分であったが、1つ良い変革が起こった。ろくでもない奴らと勝手に思い込んでいた周りにいる学生たちが、実際話してみると非常に気持ちのいい連中であり、学問などにもまじめに取り組んでいることが分かったからである。この機会を節目に、自分のおろかな考え方を捨て、周りにいる人たちに積極的に話しかけるようにし、おかげで気の合う友人もできた。ここで初めて「大学は出会いの場」であると実感できたわけである。ＨＰでも書かれていたが、人間そう実感できると大学が楽しくなり、急に先行きが明るくなった。この大学のこの仲間たちと一緒に学んでいこうと思えるようになったのである。まさに「出会い」が自分を救ってくれた。

　もう1つ自分を変えるきっかけになったのは、アルバイト先での「出会い」である。大学入学と同時に時給の高さに惹かれて、ある塾の講師のアルバイトを始めた。始めて1年目は何度も挫折し幾度となくやめようと思った。授業をしてみて痛感したのは、自分では分かっていても、それをいざ他人に教えるとなるとなかなか思い通りにいかないということである。何度も生徒から「分からない」や「つまらない」といったクレームを受け、悩みに悩んだ。授業をしてみて驚いたが、今の小学生や中学生というのはそういった不平不満を平気で言ってくる。そのときに、先輩講師から「塾講師というのは自分の立場で考えるのではなく、生徒の立場になって授業しなければならない」と言われ、初めて自分は自分の立場でしか物事を考えていないことに気づいた。

　それからは、生徒の立場になって、生徒としてはどんなところが分かりづらいのだろうかとか、どんなふうにすれば楽しく授業を受けられるのだろうかということを常に意識し始めた。すると、生徒もそれに答えてくれるようになついてくれて、授業するのが楽しくなった。おかげで今では自分で言うのも何だが、人気講師の中の1人となっている。このことをきっかけにして、実際の生活の中で、他の人を思いやるとか、他の人に心から感謝するといったことができるようになり、それからの自分に大きな進歩がもたらされたと思う。このときのありがたい助言をしてくれた先輩講師や、生徒たちとの出会いなしに、今

の自分はないとさえ思っている。

　こうした数々の「出会い」によって、人間は変わり進歩していくのだと思う。思えば大学に入ってから3年間弱という短い間に多くの「出会い」があった。3年前の自分と今の自分を比べるとかなりの違いが見られると思う。これからも数え切れないほどの「出会いの場」が用意されていることだろう。そのような機会を十分活用していきたいと思う。

　もうあと5か月あまりで4年生になり、卒研が始まる。「大学は出会いの場」によると卒研の研究室でも大きな「出会い」があるという。非常に楽しみである。特に、自分はアルバイトの忙しさに追われ、サークルなどに所属していないために上級生との交流がなかったので、彼らとの「出会い」に期待する。

　さらに、「大学は出会いの場」では、修論でも大きな影響を受けるような「出会い」があったという。残念なことに、まだ将来への計画が立っておらず、大学院に進学するか就職するか非常にあやふやな状態であった。「大学は出会いの場」を読んだ今では、そこでの「出会い」を求めて、大学院に進もうと決心がついた。そこで自分の本当にやりたいことを見極め、就職しようと思う。

　もっと早くに「大学は出会いの場」に出会いたかった。読んでみて、自分という存在を見つめ直し、よく理解できるようになった。将来のことも少しずつではあるが決めていけそうである。

第7章 サークルに出会う

7.1 1年生AH君

　私は大学に入学したとき、大いに遊んでやろうと考えていた。苦しく辛い受験勉強も、大学に入って楽しむために今頑張っているんだと思ってやってきた。いわゆるダメな学生になるつもりであった。バイトをし、サークルで楽しみ、単位さえ取れればよく、それで彼女でもつくることができれば儲けものだと考えていた。しかし、現実はそうではなかった。

　入ったサークルは、酒ばかり飲み、女の子を口説くだけの場であった。授業も適当に受けるつもりであったが、ふと考えると、自分は小学校の先生になる夢があることを思い出した。そんなことを感じるうちに、毎日がとてもつまらないものに思えてきた。だらだらと授業を受けて、家に帰り1人で飯を作って、片づけて寝るだけの日々、そして週1回サークルで意味もなく酒を飲む。この生活は確かに楽で自由かもしれないが、4年間終わって何も残らないのではないかと思った。

　そこで、同じ学科の仲間が誘ってくれたのがきっかけで、そのサークルをやめてラクロス部に入った。実をいうと自分は運動が苦手である。しかし、ＨＰにもあるように、自分の欠点は自分の一部と認めて、自分の長所を伸ばそうと思った。細かいことは気にせずに。自分は物事に対して一生懸命になれる、熱くなれる、バカでアホになれるという長所があるのだと気がついた。運動が苦手なら努力を他人よりすれば良いと思った。週4回の毎朝の練習に加えて、ほぼ毎日午後自主練習している。何かに取り組み、時間を充実させる楽しさを再確認した。確かにＨＰに書いてあるように、恋愛もしたいし、アルバイトもしたい。しかし、今は頭の中がラクロスのことで一杯だ。ラクロスを愛してしま

った。アルバイトをすると午後の練習ができなくなるのでしたくない。このことを高校時代の友達に話したら、けっこうみんな分かってくれた。みんな大学生活に物足りなさを感じているようである。一生懸命打ち込めることが見つかり、毎日が充実している自分が幸せだと思う。

7.2　1年生AYさん

　ＨＰの「新入生諸君へ」「学生生活の過ごし方」の全項目を読みました。分かりやすく、読みやすく、「なるほどなあ〜」の連続でした。今ちょうどサークルにも、学科にも慣れて、大学生活を満喫しているところである。特にサークルとの出会いによって毎日の生活がとても豊かになりました。それだけに「大学は出会いの場」だということを実感しています。ただ、あまりにもサークルにはまっているために勉学に意識が向いておらず、少々まずいなとも思っています。しかし、勉強は後でもできると割り切っています。サークル会館でオールナイトで話をしたり、休みの日にも出かけたりしています。他人と話すと確かに自分のことが見えてきます。不思議です。指摘されて初めて気づくことがあったり、共通することを見つけたり、毎日が新しい発見で一杯です。それで、「素のままの自分をさらけ出す」ことの必要を感じました。とりつくろった意見をいってみたところで、相手のことも自分のこともほとんど見えてきません。正直に言うことで、ケンカになったり、相手を傷つけたり、傷つけられたりすることもたくさんあります。しかし、後になって必ず自分の思うことを言って良かったと思うことに気がついてきました。本当に自分に合う人、必要な人を探すことができます。落ち込むことすら楽しいと感じます。自分が少しずつ変わっていくのが手にとるように分かります。不思議で、楽しくて、嬉しい毎日です。

　人間は孤独なものだという話もとても参考になりました。飲み会で皆でわいわいやっているとき、ふと自分1人が冷めていることに気がつくことがある。そんなときはとても寂しい。しかし、それに耐え、ある程度バカになって、自

分をさらけ出していかねばならないこと、誰でもそうやって集団の中にいるんだと考えることで、本当に気が楽になりました。孤独であることに耐えかね、部屋の隅で1人すねていても誰も相手にしてくれないし、余計落ち込んでしまうのが常です。自分をとりつくろって無理をするから疲れ、疲れるから1人で冷めてしまって孤独になる。素の自分を出すことは、否定される危険を伴うのでとても怖いことである。でもそれを恐れていては成長できません。

恋愛も今経験しているところです。彼氏と呼べる存在はいます。しかし、恋は盲目というほど好きでもないし、恋愛のおままごとをしているようなもの。それでも、毎日学ぶべきことが多いのは驚きです。相手は異性であるという意識が自分をおかしくしているみたいです。先日、ちょっと生々しい話を友人としていて、友人たちが私の知らないところで、誰と寝たとか寝ないとか、そういう事実を知り、かなり落ち込んでしまいました。恋人がいた経験がないので、そういうことに夢を持っていたのですが、大人の嫌らしさに触れたように思えた。自分がそこに巻き込まれていくのがとても嫌な気持ちです。経験し、乗り越えていくべきことなのでしょうが、もう少し時間がかかりそうです。

7.3　1年生MMさん

私は大学というものの右も左も知らずに千葉大学に来た。人づき合いは下手だし、知人もほとんどいなかった。大学ではサークルに入らないと友達がつくれないと聞いたし、高校で部活に入らなかったことを繰り返したくなかったので入ろうとは考えていた。しかし、新しい世界に進み出ることは私にとってとても勇気の要ることだった。いつも後のことばかり、悪い方のことばかり考えてしまうからだ。責任感は人一倍強く、中途半端は嫌いな性格であった。高校時代の私はコンプレックスのかたまりだった。眼鏡をかけていて、携帯電話を持っていなく、髪の毛は黒、いつも真面目そうと思われていた。私の中には、「真面目＝つまらない」という方程式があった。誰にも必要とされず、存在感もなく人の輪の中に埋もれていたけれど、自分に自信がなく後ずさりしていた

ように思う。

　そして、サークルの日。何のサークルに入ろうか考えていないまま漠然と友達と中庭を歩いていた。紙を渡され、名前と電話番号を書いてと言われ……しかし、興味はたくさんのサークルにあったものの、後のことを考えたりしてほとんど書くことができなかった。今までと全く違った新しい世界が怖かったのである。そして今の友達と会うことになる。私がたまたま目をつけていたサークルに偶然その人がいて、また高校時代の知り合いがいたりして、広い大学の中で少しずつ仲間ができ自分の居場所ができてきた。私はサークルの日、気の合う友達ができないこと、サークルへの不安などがたまって1人で泣いた。しかし、今は第1志望のこの大学で、いい仲間に恵まれて本当に幸せである。大学にきてはや3か月、友達もできて落ち着いてきた。自然に「出会う」機会は減り、これからはそれを自らつかみ取らねばならない。それには「勇気」がとても必要であると感じている。

7.4　3年生KH君

　埼玉大学に入学して3年間、それ以前に経験したことのなかったいろいろなことに触れることができました。アルバイト、飲み会などとても新鮮で、高校生活ではとても味わえなかった少し大人びた体験に強烈な感動を覚えたことを今でも鮮明に覚えています。

　しかし、その新鮮な感動が薄れ、徐々に大学に通わなくなりました。大学の講義が自分の想像としていたものと違い、だんだん化学に対する興味がなくなってしまったこともありますが、本来目的としていた化学を学ぶことになまけていただけでした。1年が終わろうとしているころには、大学にも通わず、かといって他に打ち込めるものもなく、最悪の無気力状態に陥ってしまいました。そのころは、自分が本当に嫌になり、自分の将来について深く考えたものでした。ほとんど勉強しないで、自分の将来はどうなるのであろうか？　生きる目的が自分にはあるのだろうか？　などの消極的な考えは私をどんどん不安にし

ていきました。そんな生活が長く続きました。

　そんなときに、ふと聴いていたあるバンドの音楽に感動しました。それは激しいパンクロックであったけど、愛、平和、理解の大切さ、肯定的思考の重要さを、もっと世界に音楽を通じて伝えようとする彼らの音楽は、私のネガティブな考えを変えてくれ、もっとポジティブに明るく、目の前にある課題を一生懸命にがんばって取り組もうという姿勢にさせてくれました。今では大学に通い、勉強することの必要性を見つけることができ、熱心に講義が聴けるようになりました。

　そして、好きな音楽である吹奏楽にどうしても挑戦したくて、現在3年生で、楽器未経験にもかかわらず吹奏楽部に入部し、トロンボーンを始めてしまいました。楽器未経験で3年生から楽器を始めるということは、遅いと周りの友達に散々いわれたけれど、何事ももう遅いとあきらめていては、これからの長い人生でなにも挑戦できずに年老いていってしまうのでは？　という考えを先のバンドから学んだと思います。積もりに積もった単位習得のため忙しいけれども、目の前にトロンボーン上達という課題ができ、1年前の自分と比べて、より人間的に成長できたと思います。そんな過去を「大学は出会いの場」のＨＰを見て再び思い返すことができました。ＨＰに書いてあるように、人が変わるのは簡単なことではないけれども、1つの些細なきっかけで私はいい意味で変わることができたと思うようになりました。

7.5　3年生MA君

　僕は、サークルの自分、学科の自分、普段の自分について書いてみました。社会人ではないので、自分のいる場所ごとに自分を変える必要はないと思いますが、大学に入ってからの3年間で、環境ごとに変わっていく自分を確立してしまったので、このように、3種類の自分について分類して書かせていただいています。

（サークルでの自分について）

　現在、僕はバドミントンのサークルの会長をしています。その際に、自分の人間性を考えることが多々あります。会長になってから、去年まではサークルの中で自分勝手なことばかりしていたことが良く分かりました。昔に比べると周囲のことを考えるようになったと思います。例えば、うちのサークルは結構人数が多くて、ゲームをするときにコートの数が足りないときがあります。そういうときに、遠慮する人と、そうでない人が出てきます。僕は後者のタイプでした。去年までの自分は、とにかくゲームをしたいとか、遠慮している人たちに対しても、ゲームをしたいのなら自分からコートに入ろうとするだろう、なんていう気持ちがありました。しかし現在は、ある程度周りを見回して、ゲームをしていない人がいたら声をかけたりしています。今、会長の立場にある自分が自分勝手にやっていたら、サークルがおかしくなってしまうという怖さみたいなものもあると思います。でも、それよりも、人を気遣う気持ちが出てきたのかなと思います。

　ＨＰの文の中に、会社の社長の話がありました。会社の社長とサークルの会長は全然違うものだとは思いますが、周りを変えるのならまず自分からというのは、僕にもあてはまると思います。サークルはみんなで作っていくものだとは思いますが、指示を出したりしている僕の態度は、サークルの雰囲気に大きく影響するものだと思います。しかし、こういうことが分かっていても、自分をコントロールできないときも少なくありません。みんなが自分の思うように動いてくれなかったり、話を聞いてくれなかったり、調子が悪かったり、いつもの自分でいられないときはあります。そのようなときに、どのようにみんなと接するのか考えることが、自分を変えていくきっかけになるのかなと思います。また、自分も周りの人間も楽しくやっていくためには、どのようにしていけば良いのかなどを真剣に考えていくことも、大切なことかと思います。今、自分が会長という立場にいることが、はっきり言って嫌なときもありますが、なかなか経験できるものではないと思うので、この会長である間に、たくさんのことを経験し、いろいろなことを考え、少しでも人間として成長できたらいいかなと思います。

（学科での自分について）

　僕は、サークルのときと、学科にいるときと、だいぶ人間が違います。サークルでは結構社交的な方かもしれませんが、学科にいるときは全然違います。どちらかというと人とあまり話さず、友達も少ない方です。もう3年生なので、来年には研究室に入るのかと思うと、少し不安があります。うちの学科は個性のある人間が多く、遠慮してなかなか自分を出せなかったのかもしれませんが、今ではこんな状態です。もちろん、学校や他の場所で学科の人と会ったら、挨拶したり、話したりもします。でも、一緒に遊んだり、ある程度深い話ができるような、友達と言えるような人は3人くらいです。それは、そんなに悪いことだとは思っていません。しかし、初対面の人とうまく話せないのは直したい部分です。いろいろな人と接し、その人たちの考え方、生き方に触れることは、自分にとってとても大切なことだと思います。そういう経験をするには、やはり自分が変わらないといけないと思います。

　まずは今まで疎遠だった学科の人たちと仲良くなりたいと思います。そこで、学科での今までの自分を考えると、人に頼ってばかりいたような気がします。例えば、テスト前にノートを借りたり、勉強を教えてもらったりと、ギブアンドテイクのテイクしかしていなかったような気がします。そのために、人が自分に寄って来なかったのかなと思います。これからは、ある程度人に頼られるような人間に変わっていきたいと思います。そこで本当にギブアンドテイクができるようにしたいと思います。

（普段の自分について）

　普段の自分というのは、サークルにも、学科にもいないときの自分のことです。僕が客観的に自分を見たときに、一番好き嫌いの差が大きいのが、この普段の自分かもしれません。自分がどのような人間なのかは、はっきりとは分かりませんが、直さなければならないところがたくさんあります。普段の自分は、何をしていたか忘れてしまうほどボーッとしていたり、いきなり奇声を発したり、小さなことにすぐにイライラしたり、自分でも分析は難しいです。今、彼女がいますが、たまに喧嘩したときに自分の子どもの部分に気づくときもあり

ます。文の中で、自分の批判をしてくれる友達は大切だと書いてありました。僕にもそのような友達はいますが、今、自分のことを一番見ててくれて、いろいろと言ってくれるのは彼女だと思います。よく言われるのが、勝手だということ、授業にしっかり出ていないこと、怒ってるときの僕が嫌だということ、たばこを吸っているのが嫌だということなどです。実際、彼女は僕の2歳下なのですが、大人だなぁと思うこと、逆にいうと、自分が子どもだなぁと思うことがよくあります。

　僕のどうしようもないところは、有言不実行なことが多すぎることです。この日に何かをすると言っていてもしないし、たばこをやめても、何か月か後には吸ってるし、といった具合です。すぐに忘れていたりもします。真面目すぎてつまらないとは思いますが、僕の生き方は不真面目すぎる気がしていつも直したいと思っています。そんなときに、先生の文を読んで、まずやってみようと思ったのが、次の日にやることをメモしておくということです。僕は今22歳ですが、時の流れの早さを感じることが多くなった気がします。何もしていないうちに大学3年生になってしまったように思います。長いようで短い大学生活を有意義に過ごすために、自分にとって必要がないと思われる時間を少しでも無くしていき、卒業してから振り返ったときに、素晴らしい4年間だったと思えるようにしたいと思います。

　自分の中で直したいところをもう1つ挙げるとしたら、短気なところです。今、コンビニでアルバイトをしていますが、あんなに接客時間の短い仕事であっても、イライラしてしまうことが多々あります。例えば、やたらと偉そうな態度をする人、お店の中でたばこを吸う人、なぜかゴミ箱の前にゴミ捨てる人、とりあえず気になるお客さんはたくさんいます。店員として素晴らしい態度をしているかというと、そうでもないのですが、お客さんも、もう少し謙虚になってもいいかなと思います。そんなことにいちいちイライラしていたら身が持たないのですが、僕はイライラしてしまいます。いろいろな人がいるよと考えられるようになりたいと思います。

　ＨＰに、"爽やかな人とは"という見出しの文がありましたが、今の僕は、
1）心穏やかに生きている人

2）他人の心を傷つけないで生きている人
3）1日1日を感謝して生きている人
4）1日1日を楽しく前向きに生きている人

のどれにも当てはまりません。やはり、すぐに怒ってしまうようでは駄目だし、他人を傷つけてしまってはどうしようもありません。僕は、他人を傷つけないように生活しているつもりですが、もしかしたらと感じることは少なくありません。1日1日を感謝しているかというと、無駄な睡眠をとっていることが多く、お世辞にもそんなことは言えないと思います。1日1日を楽しく前向きに生きてもいないと思います。いつもレポートのことを考えてしまっていたり、なんとなく生きている気がします。目標を持って生きることは、大事なことだと思います。残りの大学生活を有意義なものにするためにも、僕は少しずつでも変わらなければと思います。

　今回、初めて先生のHPを見ましたが、とても勉強になりました。これからの大学生活の目標を見つけられた気がします。また読み返し、自分に必要だと思われる部分は行動に移していき、自分の理想としている人間に一歩でも近づきたいと思います。

第8章　学びたいものに出会う

8．1　1年生YH君

　入学して3か月になるが、自分は何を学べば良いのかまだ見つかっていない。そんな中でも、どんな授業を取れば良いか決めなければならなかった。教員になりたいという思いはあるのだが、そういう授業の中にも興味が湧くものと、そうでないものとがある。また、本当に自分がそういう道に適しているのかという疑問もある。今のような状態から脱するためには、本当にやりたいことを見つける必要があるがどうしたら良いか分からない状態が続いていた。

　そんなときにこのＨＰに「興味のある授業、そうでない授業も含めて思わぬ『出会い』に遭遇する可能性がある」とあった。確かに、この方法は特に何をするでもなく、今すぐにできる方法だし、興味を持てなかった授業もそうでなくなるかもしれない方法でもあり、一石二鳥である。これからはどの授業も探りを入れるつもりで臨もうと思う。さらに、現時点で自分が興味を引かれるものに関しては、それに関連する本を読んだり、授業に積極的に取り組んだりして、自分が本当に学ぶべきものかどうかを見極めていきたいと思う。では、どのように授業を用いていけば良いか。ＨＰでは、「授業内容を記録するだけでなく、論理構造を理解し、それを模倣して自分のものにするのが良い」とあった。このことができるようになることが、大学で学ぶにあたってとても重要なことだと思う。大学では、高校までのように担任の先生が口やかましく注意してくれるようなことはなく、授業で学んだことを自分で理解して自分のものにしていかねばならないからである。自主的に「模倣」しなければ、授業は聞きっぱなしになってしまい、時間が経つにつれて忘れてしまうからである。これからは、「模倣」を実践していき、自分が何を学んでいきたいかを考え、見つ

けていきたいと思う。

8.2　2年生SMさん

　私がまず着目したのは「学びたいものをどのように発見するのか？」の「おいしい食べ物に出会おうとする熱意」の部分である。学びたいこととの出会いは見つけようとする努力を必ず伴うものと私は解釈した。つまり、学ぼうとする意識がない限り何も学ぶことができない。大学で何年か過ごしても自分の興味を引くものに出会えないと嘆く人は、大学の環境とか周りに問題があるのではなく、その人自身に熱意が足りないといえる。私自身はどうかというと、「教員になるんだ」という強い願望はあるが、ＨＰにあるような行動計画の伴った願望、つまり目標になっていないのだ。学問全般において、興味や探究の精神が足りない。自分でもそれはＨＰを読む前から意識していた。ではどうしたら良いのか。残念ながら、この点に関して受け身の意識に終始していた。受け身の意識とは、この現状はいつか打開されるはずという根拠のない確信である。私はこのような自分に少なからず不安を持っていたし、今も持っている。

　そういう意味ではこのＨＰは学生としての私の不安にドンピシャであった。そうか、学びたいものが見つからないのは、学ぼうという意識が無いからなんだ。そう気づいてから、それまでから一変して熱意を持って授業に取り組んだかというと、実際にはそうはいかないが、少なくとも今の自分の状態や心から学びたいことに出会えない理由は分かっている。それが分かったことで、自分の状態を客観的に判断できるようになった。これは大きな収穫だったと思う。

　「授業の受け方」や「レポートの書き方」では、教師の側が学生をどのように評価しているのかということがだいたい分かった。普段、表では聞くことの少ない話なので面白いと思ったが、自分がどのように評価されるかもある程度分かってしまった。これは少々恐ろしいことだが、このＨＰの良さと思い、あまり悲観的にならないようにした。

　「情報の活用の仕方」では、友達からの情報の有効性が述べられていたが、

友達とうまくやっていくには情報交換が大切であることに気づかされた。例えば授業にほとんど出ずに、いつも出席している友達にプリントやテスト情報などについて聞くとする。初めは「頼られている」うれしさもあって、快く教えてくれるに違いない。しかし、それが度重なると、その友達との関係が悪くなるのは目に見えている。そうなると「友達をつくろう」にあるように一方的に相手に寄りかかった関係になる。このように情報交換は一方的にならないよう、相手の立場に立つことが重要であると思った。そう考えて、私はよほどのことが無い限り授業情報は自分の力で得るように努力するようになった。友達を失ってもいいの？　と自分を戒めつつ、辛い授業にも参加しようと思っている。また勉強だけでなく、部活やアルバイトでも、情報発信者になることが、やりがいや自己のアイデンティティの発見につながると思った。

　「頭の良くなる方法」では次の部分が心に残った。「頭が良いということは単に知識があるというだけでなく、発想を豊かにし、人生の知恵と可能性を与えてくれる手段である。頭が良いという自信があれば物事に積極的に取り組むことができ、それが小さな成功を生み、小さな成功がまた自信を支えていくのである」。そういえば、私が高校生のとき「頭がいいなあ」と憧れていた友達はみな小さいことにも喜びを見いだすことがうまく、自信を持って物事に取り組んでいた。他の人も同じような魅力を彼女に対して見いだしていたと思う。彼女は、同じ吹奏楽部の仲間だったが、例えばコンクールの前で皆ピリピリしていたときに、ちょっとしたトラブルがあり、私たちは取り乱してそのこと以外手つかずの状態になってしまったが、彼女は周りの状況に同情しつつも、自分のペースを乱すことなく練習していた。自分のペースを変えないということは、変えることによるメリットよりも、その練習を続ける自信が勝っているからなのだと思う。

　私には自分のなすすべてのことにそういう自信がない。だからどうしようということでもなく、一朝一夕に変えられないので、「自信を持たなくっちゃ」と自分に言い聞かせながら生きていくのだと思う。それが私らしい生き方なのだと思う。頭の良い人には一生なれないかもしれないが、何かを粘り強くやったり、自分のやることに自信を持てるように、これからも努力をし続けるつも

りだ。

　稲場先生がどういう意図を持ってこのような企画をされたのか正解を当てようとすることは意味をなさないと思う。しかし、私はこのような機会に触れることができて良かったと思う。コミュニケーションが希薄になり、自分の考えを誰かに伝えることが苦手な若者たちに、先生はＨＰという手段を使って、あえてプライベートな話題にまで踏み込んで、「こういうふうにやっていいんだよ」という一例を示して下さったのだと私は受け止めた。

8.3　4年生TYさん

　「何のために大学で勉学するのだろう」という疑問は、大学生に限らず、例えば教育実習に行った先の小学生たちでも、「何でこんな勉強するの？　何の役に立つの？」という疑問を投げかけてきたことを考えても、多くの人が持つ疑問だと思う。特に、内容が専門的になればなるほど日常生活からかけ離れたものになっていく気がして「将来こんなの役に立たなそう」と思い、やる気がしなくなる。私は「教員になりたい」と思っていたわけではないので、教育学などの教員養成の専門科目には全く興味を持てませんでした。ただ、教育実習の際に「教員になりたい人は教育について、企業への就職を考えている人は組織や社会について知る機会にして欲しい」という言葉を聞き、「あまり自分に関係ないと思われる勉強でもきちんと取り組めば得られるものはあるかもしれない」と今までの受講態度を反省しました。

　ＨＰにある「大学で学ぶことは単なる専門知識ではなく、大学で学ぶ意味はこれからの社会生活を生きる基礎を学ぶことである」ということをもう少し早く気づいていれば、今まで受けてきた講義をもっと真剣に取り組めたかなと思う。少なくともこれからは卒論など残された学生生活の中での勉強の機会を大切にしていきたいと思う。また、ＨＰの「卒論について」は、今取り組んでいる最中なので興味深く読むことができた。私の卒論の分野は心理学であるが、テーマを決める際、問題意識と目的を決めて、参考資料を集め始めると、同様

の研究に必ず当たってしまい、自分の持っていた問題意識がありきたりのもので、どこかで聞いたようなものばかりであった。結局、「研究にこだわらないで自分が小さいときから思っていたコンプレックスとか悩みとかをテーマにした方が面白いんじゃない？」というサークルと専門の両方の先輩からヒントをもらった。また、指導教官は、あんまり考えずにテーマを出したときは「これでは研究にならない」と厳しく、またかなり考えて出したときは内容が煮詰まっていなくても「こんな論文を読んだら？　この辺はどう考えているの？」と私の状態を見抜いて指導してくれる。

　このように、専門では先生に、経験では先輩に、同じ苦労では友達の存在に助けられている。「卒論に配属されるまでは、講義にしても実験にしても受け身の授業がほとんどであった。しかし、受け身では本当に身についたものにならない。自分であるテーマに挑戦し、失敗を乗り越えて得た経験が必要である。卒論はそうした機会を与えるものとして位置づけることができる」というのは本当にそうだと思う。今まで先行研究の論文を読んでもあまり意味を考えなかったことが多かったのに、自分の研究テーマを決め、それについて調べるとなると、1日中論文を読んでいても興味深く感じます。本来何かを学ぶというときにはこういう姿勢が必要なのだなあと日々感じています。

第9章　進路に出会う

9.1　1年生SMさん

　「自分はどういう人間なのだろう」「将来は何になるべきなのだろう」……高校の進路決定時に私はそのような問いかけを経験した。当時は、自分が何をしたら良いか分からなかった。将来、多すぎるくらい道があるようにも思ったし、自分に最適な道があるようにも思っていた。私は志望の大学学部に迷っていた。そんな中、ある人から、「自分はどういう人間なのか、自分をアピールできるくらいに自分について考えることが大切だ。そこから問いかけてごらん」と言われた。そのとき、私はただ漠然と何かを待っているだけの自分に気づいた。自分自身に対する思慮の浅さ、知識の薄さに気づかされた。こうして自分を見つめ直してみると、道がみるみる開け、将来の展望が開けてくるなどということは、当然なかった。自分を見つめ直してみると、自分ではよく分からなかった。考えごとが増えてしまった気さえした。

　そこで私はあまり考えることはやめた。じっと考えるだけでは分からないことに気づいた。じっと考えることをあきらめ、日常から常に自分を意識することにした。自分は今どう感じ、他人はどう感じたのか。何が好きで何が嫌いなのか。しばらく時間がかかったが、自分について何かが分かってきた。そして、できるかできないかより、好きか嫌いかを重視するようになった。失敗したらやり直せばよく、道は1つではないということが理解できるようになった。私は、教育学部にいるが将来のすべてが分かったわけではない。教師になるつもりはないわけではないが、選択肢はいくつもあると思っている。私は迷っている自分を認められるようになった。決断の遅いことも自分の一部で、ゆっくり決めるのも自分のやり方だと気づいた。私は考え方を変えることで生きやすく

なり、楽になった。現在でも迷うことはたくさんある。しかし、迷って悩むことは自分を飛躍させられると信じられるようになった。

　大学生は遊んでばかりいては何も得られない。しかし、遊ぶことで得られるものの価値もある。大学では、しっかり遊んで、しっかり学ぶことが大切だと考える。どちらか一方ではだめだ。私は、ときには成り行きに任せるのも悪くないと考える。譲れない固い目標も大切だが、正解が何かは難しい。いつ分かるかさえ分からない。学びたいことを学べる今の生活をしていくことで、見つけられるものがあるはずである。ピンチを楽しむ力を身につけていきたい。人生は困難も楽しめれば楽しくないはずはない。私はこれからも、好きなこと、やりたいことを大切にして、少しずつ考えていこうと思う。大学生活は案外短いかもしれない。充実させられるかどうかは自分次第だ。多くの人の考え方に触れ、自分を見つめて生活していこうと思う。

9.2　3年生TR君

　HPを読んでいて自分に言われているように感じるところがありました。例えば、「今さえ良ければということは言っておれなくなる。自分のなかに『内なる子ども』を深く抱えていては就職はおぼつかなくなる」という文章です。これは、大学3年生というとても大切な時期に、毎日何も考えずに、就職もなるようになると考えている自分にはぐっとくるものがありました。なぜなるようになると考えていたかと言うと、高校受験や大学受験のように、周りの誰かが手伝ってくれることを期待する甘えがあるからです。これは、HPにある「内なる子ども」であると痛感しました。しかし、自分ではこれに半ば気がついていながら、自分からどうにも動けなくなっているのも事実です。勉強しようとしても、今まで遊んできたつけが大きくてはかどらずあきらめてしまったり、就職という迫り来る現実から逃れようとしているのが現状です。しかし、そうばかりもしておられないので、最近はまず自分を見つめ直すようにしています。自分とは何か、どういう人間なのか、なぜ大学に来て勉強しなぜ就職す

るのかなどいろいろなことを考えています。

　「将来の進路をどのように見つけるのか」は自分が直面する問題である。今私は大学院に行こうかどうかで悩んでいる。しかし、現在の自分は大学院に行ってもっと勉強しようという意識ではなくて、就職までのモラトリアムを延長したいだけの気がしています。しかし、この文章を読んで少し前向きな気持ちになりました。それは、少しでも先送りする考えを捨てて、目の前にある課題に意欲的に取り組んで欲しいというメッセージのお蔭です。ぐだぐだ考えて今やるべきことをやっていないので、目の前にある課題に意欲的に取り組みつつ、それによって少しずつ考えていこうという気が起こりました。現在の状況のまま過ごしていったら、就職しなければならないときになって嫌々希望でもない職業に就いてしまうような気がします。だから少しずつでも考えを改めていこうと思います。

9.3　3年生ST君

　埼玉大学に入学して、3年が過ぎようとしている。僕は浪人を経験した。初めは偏差値35とかばっかりでした。でも、毎日一度も遅刻したり欠席したりすることなく通い、自習室に晩までこもっていた。同じテキストを10回以上繰り返して解いた。あんなにがんばったのは初めてだった。自分は本当にいい学校にいけるくらいまで、力がつくんだろうか？　と何度も悩んだし、こんなに勉強してなんのためになるんだろうと考え込んだりもした。結局、いい大学に入れた。同時に浪人開始した人たちもいたが、みんな初めから成績はよく、ゲーセンなどによく行っていた。1人、がまんしていた。結局、最後の模試でみんなをぶっちぎったときのことは忘れない。偏差値70くらいまでいってしまった〜。これには自分もびっくり。やればできるのである。1年くらいあれば人は変われるし、今までの根性なしな自分ともオサラバできた。困難なことがあっても自分なら何とか乗り切れるという自信がついたのは間違いない。

　しかし、大学に入学して、何のプレッシャーもなく自由な感じでどんどん堕

落していった。今までのたまったものを吐き出すように脳みそを使わなかった。振り返ってみると様々なことがあってとても楽しかった。1年のときは特に、アルバイトに精を出していた。深夜のバイトと昼間のバイトをかけもちし、月20万ほど稼いでいた。高校のときでは考えられないことでした。これだけのことをしても、誰からも文句をいわれたり注意されたりもしない。まあ、友達に体大丈夫かよ……と心配されることはあっても、今までのように親にどうこう言われなくなった。やはり初めのころは孤独感があった。今ではもう慣れっこであるが、夜とかよくふらりと友達の家に行ったりしていた。特につき合う友達や、趣味がいままでより多種多様化した。いろんな学科の人たちと一緒になって馬鹿さわぎしたり、仲のいい人たちで文化祭でけんかしたり。大学はやはり大きいだけあって、そして自分たち自身の力で行動しないといけないだけあって、みんなパワフルである。趣味が本格的であると思う。今までは聴衆の立場だった人がバンドをやったり、DJをやっていたり。サイトを構築してサークルの情報発信をしてる人もたくさんいる。

　このような生活を、今は後悔などしていない。これからまた復活できるから。でも今度は就職である。今までのようにはいかないはずである。一生が決まるとは思ってないが、決まってしまうこともありそうで怖い。何よりの問題が、明らかに化学方面に進む気力がないことである。受験の科目の関係で、化学を選んでしまい、物理はあまり勉強しなかった。しかし、学科の選択はやはり失敗であった。とにかく化学に興味がなくて困っている。単位はとるものの、ほとんど頭に入っていない。今さらいっても遅いが、他の方面に就職したい。親は大企業に入れと言っているが、なるべく聞かないようにしている。もう、親の言う通りにしたくはない。自分で感じたことを信じていこうと思う。

　しかし、今の自分は逃避しまくっている。今は単位をとるので忙しいから、就職のことはまだ考えれない……　そう思っている。はたして自分がどういう道を目指しているのかも見失ってしまった。この状態はかなりマズイと思っている。早く明確な目標を見つけなければ、動き出せないまま、無駄にすごしてしまう。早く見つけるよう努力するとしよう。と言っても何をどう努力すればいいのかも分からないままだが……まずは目の前にある壁を乗り越えることか

ら始める。

9.4　3年生TA君

　このＨＰを読み始めてまず感じたことがある。それは、このＨＰが最近、僕がもっとも興味を持っている出会い（対人関係を含め）そして、進路に関してのものであることに惹かれたのである。最近、僕は、自分自身の在り方、自分と他人（友人、恋人や家族も含め）との関わり合い、自分の未来についてしばしば考えることがあります。僕は、この問題について非常に悩んでいた時期がありました。それは、いつもどこか孤独で、人と一緒にいてもどこかに必ず寂しさがあったことです。僕は、一般的に友達も多く、人づき合いもそこそこありましたが、そこには、必ず集団での孤独が付きまとっていました。中学、高校のころは、その寂しさを感じていても、その寂しさが何なのか分からない、もしくは、感じることすらできなかったほど子どもであったのかもしれません。

　大学に進学し、新しい友人ができ、サークル活動を始め生活範囲も広がり、自分の中にある寂しさ、集団の中での孤独に気がつくようになりました。今思うと、その寂しさは、自由の中で生み出されるものではないかと思います。大学ではそれまでとは大きく違い、最低限の規定しかなく、ほとんど自分の責任で行動しなければならない。そのため、個々の考え、人それぞれの個性が今までより重要になるため、集団でいると、自分と人との相違が明確になり、それに気づき孤独を感じやすくなるのだと思います。その孤独に耐え、1人の人間として考え抜き、打開することができたときに、初めて1人の大人として、自分自身を見つめ、自分を認められ、また他者を認めることができ、人と対等になれるのだと思います。

　しかし、孤独に耐えるといっても、あまりにも無理をしてがんばりすぎても、打開することはできないと思います。また、がんばるのに疲れるのは、自分が人よりも劣っているとい思っている証拠だと思います。そのように感じてしま

うと、一層疲れが増し、他人が、うらやましくなり、自分が要領の悪い人間、人より劣る人間だと感じ、どんどん気持ちが落ち込んでしまいます。それは、対人関係においてのみだけではなく、仕事や勉強においても同じであると思います。1つ1つのことをこなすのに精一杯になってしまい、その過程を楽しむことができなくなってしまうからです。1つ1つのプロセスを楽しみながら行えるようになって、ようやく自分のことが好きになれるような気がします。

　また、今僕は、進路について深く考えなければいけない時期にきています。僕の今の希望は、消防関係の仕事、具体的にいうと、東京消防庁やレスキューの仕事に就きたいと思っています。しかし、一方では、大学院に進みもっと勉強をしていたいと思うのも嘘ではありません。消防の仕事に就きたいと思っても、実際にそれが自分の本当の希望なのか、ただ友人や、TVの影響ではないかと思い不安になります。つい数か月前まで僕は、親にも友人にも、恋人にも、大学院に進むつもりだと伝えてあります。実際その頃は、進学が自分の望みであったので、何も不安に思うところは、ありませんでした。

　しかし、最近考えるところがあり、自分が何のために生きているのか、自分自身の存在意義を考えるようになったとき、僕は生きている実感が欲しい、自分ができる範囲で人を助けたい、人の役にたちたい、と思っていることが分かった。医者や警察、消防、ボランティアなどいろいろあると思うがその中で消防、しかもレスキュー隊になりたいと、思うようになっていた。しかし、消防を仕事にするのには、公務員試験を受けなければならない。しかし、僕には、学校を卒業するために公務員試験には、直結していない単位取得のための勉強があり、それが、忙しいために、試験に対応するための勉強や体を作る時間がとれず、消防の道へ進めるかどうか分からない。一方、大学院に進学すれば、消防への道は、ほとんど断たれてしまうが、2年間の考える時間ができ消防ではなく本当に自分のやりたい仕事が見つかるかもしれません。逆に見つけることができずに後悔してしまうかもしれません。この悩みについてぼくは、焦らずに、そしてなるべく早く納得のいく形で決着を付けたいと思います。最後にもし、僕に何か圧倒的な影響を与え、きっかけを与えてくれる人が現れたらきっとその人は僕にとって一生涯の友達もしくは、共にすごす人になってもらい

たいと思います。

9.5　3年生RKさん

　私が興味を持ったのはやはりこれからの私に関係のある将来の進路についてです。
私には今年高校3年の妹がいます。妹は多分フリーターになると思われ、両親も意外なことに反対していません。私も自分の将来を考えるにあたってフリーターという立場に惹かれるところもあります.。社会的保証などはないにしても、自分の時間を持て、しかも手取り的には正社員よりいい。自分さえしっかり貯蓄していくことができれば、そういった将来はそこまで、否定すべきではないのではないのではないのでは。

　こういった考えは古いのかもしれないが、私は女です。まだまだ、女性が子どもの面倒を見ながら社会で働くには、男性の理解と行動、そして会社の対応はできあがっていないと思います。親になったからには、子どもとの時間を十分にとりたい。子どもを託児所などに預けっぱなしでは、私はいけないと思います。子どもとの時間を持てないような生活をするのなら、それは親としての資格はないと思います。少なくとも子どもがその日楽しかったこと、悲しかったことを聞いてあげる。スキンシップをゆったりとした時間の中でとってあげられる。そんな家庭の中で私は、子どもは育つべきだと思っています。

　しかし、やはり私はもし社員として就職したのなら、バリバリと働きたいと思っています。仕事に夢を見るなら手は抜きたくありません。私は今恐らくあと5~6年後ぐらいに一緒に家庭を持とうかと言っている人がいます。それがどうなるかは分かりませんが、どちらにしろいずれかは結婚すると思います。そうなればどちらかが、家にいないと私の理想の家庭はあり得ません。私はあと、5~6年で仕事をやめなければならないのではないでしょうか？　もしくは子どもをつくらない夫婦になるか。そうなるのがいやだから、大学卒業後はフリーターとして、お金だけを稼ぎ夢はもっと別の場所に求めてもいいのでは。私は、

そのような考えと社会に出て自分の力を試してみたい。2つの相反する思いに悩まされる最近です。

　将来を決めるということはとても難しいです。何が世間一般ではなく本当の意味での自分の幸せなのか。自分の軸をいったいどこに置くのか。このへんは、多分「どのような人間を目指すのか」といったテーマになるのだと思います。まず、自分を理解しないと、世間一般の答えにあてはめても、その"楽や楽しい"は私にとってはただの苦痛になってしまうかもしれません。また、自分を知ることで、もしくは目指す人間像が決まることで、苦労しても楽しみを感じることができるのだと思います。

　そう思ってはみるのですが、毎日毎日この難題の何らかの答えを探しては、日によって答えは変わり、何らかの影響によって流され、結局初めの問いの意味さえも分からなくなってしまいます。人はどこかで自分の希望と現実で折り合いをつけていかなくてはいけないのだと思います。この答えは、ある日いきなり出るのか、それとも一生出ないのかまだ私には分かりませんが、とにかく精一杯考えて出来る限り後悔しない人生を歩みたいと思います。

9.6　4年生SR君

　僕自身がこの埼玉大学への進学を決めたのは、ただ単にセンター試験の成績が良く、センターのみで合否判定が行われ、また九州が実家の自分にとってやはり関東は魅力的に思えた、ただそれだけでした。長渕剛の「とんぼ」にある通り「死にたいくらいに憧れた花の都大東京」だったわけです。もっとも埼玉は大東京ではないが。

　そんな僕が大学に入り、まともに勉学にいそしむわけはなく、出てきて初めてバイトというものをやり、いつしかフリーターの生活になっていました。当然単位が取れず、いつしか大学を辞めたいと思うようになっていました。友達には恵まれていましたが、一度辞めたいと感じた思いを抑えられず、2年の終了時から休学としました。退学ではなく休学としたのは、両親がその点を休学

の条件としたからであった。休学となった僕は実家に帰り、福岡や広島の大学に行っている高校時代の友達の家を趣味のバイクで転々としながら、途中で出会う人たちと酒を酌み交わし、いろいろなことを語り合う日々を送っていました。そんな生活の中で本当に様々なことを考えました。休学する際、僕は海外に出たいと考えていました。旅行なり留学なりその形にこだわりはなく、ただ漠然と「海外」と。なぜか？　理由ははっきりしていました。休学する前から僕はバイクで旅に出るツーリングが趣味になっていました。おそらく、きれいな景色を見たり、見知らぬ人との出会いなどによって悩みに明け暮れる日常から解放される場であったのでしょう。そんな旅の、様々な人や景色との出会いを繰り返すうち、もっと多くの出会いを体験したいと欲が出てきました。

　今まで、日本の中だけで生きてきた自分が「常識」としてきたものは地球から見れば60億人分の1億つまり60分の1でしかない。残りの59を知りたいと心から思いました。それで「海外」である。実家に帰った僕はその道を模索し、いろいろな方に相談もしました。そんなときある知り合いに「行って勝負するモノをお前は持っているのか？」と言われ、何も返せませんでした。他の何かを吸収するのにそれと比較するものが今の自分にはない、それを痛感させられました。

　ではどうするか？　頭によぎったのは復学でした。確かに本気で学びたい分野ではない。しかし、ＨＰにもあるように、出た学科により完全に仕事が決まるわけではない、無駄かどうかは考え方次第だと思います。そもそも、教師や書物から学ぶことはすでに世の中にあることであり、社会に出てから重要なのはゼロから何かを生み出す創造力で、それは様々な経験によって養われると僕は思うのです。今の学科に入ったのも1つの出会いであり、無駄にはならない、そう思えました。まあ、こんなスッタモンダがあり今に至るのですが、僕にとって休学の1年間は確かに辛いものではありましたが、今となっては充実した1年間となりました。僕のこの1年間を振り返るに、何より強く感じたのがやはり「出会い」です。それは「人」だけに限らず「風景」や「モノ」などありとあらゆるものです。何気なく過ぎていく日常の中でこういった「出会い」の素晴らしさは気づかないものですが、それを身をもって知ることができたこの

1年間を誇りに思えます。これからも、自分の常識や価値観にとらわれることなく、1つ1つの出会いを大事にしていきたい、そう思っています。

　僕は大学を出たら海外青年協力隊に行きたいと思っています。その中に心理カウンセラーという募集事項があります。戦争や内戦によって親を失うなど心理的に傷ついた子どものカウンセリングなども行うみたいですが、そういったことをしないで済むような世界になってもらいたいと切に願っています。

第10章　自分の生き方に出会う

10．1　1年生YUさん

　「楽をするのか、楽しくするのか？」は自分に対して言われているような気がした。私たちはとても豊かだ。たくさんのものであふれ、苦労を知らずに育ってきた。私たちの世代は、何もかも与えられてきたから自ら何かを探し、求め、つまずき、傷つきという過程をおっくうにしか感じられなくなっているのだと思う。自ら取捨選択したり、それ以前に多種多様な選択肢を見つけることができない人たちが増加しているように思う。それが、フリーターの増加、大人になりたくない若者の増加、青年期の延長に伴う自立できない大人の増加などに繋がっているような気がする。

　私も人生の目標というのがはっきりしていない。見つからないのではなく見つける努力をしていないのだと思う。新しいことに挑戦する勇気がないのだ。誰かのせいにできるのでなく自分が悪いのだ。でも大学に入ってとても良かったと思っている。大学に入っていなかったらと考えるととても恐ろしくなる。私は、高校時代やりたいことが見つからなくて、大学進学すらしないつもりだった。そのときの自分は明らかに嫌いだ。自分でもいいと思っているわけではないが、ただただ学校や親に反抗してそれを認めようとしなかったのだ。

　高校3年の秋、1つの出会いから考え方も生活も何もかもが変わった。心も穏やかになり、親にも素直になれた。優しい顔になったと親に言われた。その人、恋人との出会いにより私は変わることができた。大学進学も迷うことなく自分で決めた。浪人をして受験戦争を乗り越え、そして今大学生活を送っている。私は具体的な職業としての目標は決まっていないけれど、スクールカウンセラーに興味があり、教育心理学を学んでいる。はっきりはしていないが、学

びたいものに向けて頑張れて、それが報われ、やり遂げたというのが嬉しい。1つ自信が持てた。そういう経験はとても大切だと思う。豊かさの中でもそういう体験はできるのだ。皆が皆楽をしようとしているのではないが、そういう人が多くなってきているのが悲しい現状だと思う。楽して楽しむというのも確かに楽しいかもしれないが、それだけでは何も残らないと思う。何かのきっかけや本当に強い明確な人生の目標がないとふんばりがきかないように思う。いろいろなことに前向きに取り組み、苦労と感じない楽しさを身につけたい。

　「頑張らない人生」では自分の高校時代を思い出した。高校2年の終わり頃から学校に行きたくなくなった。先生も勉強も学校そのものも人間関係も何もかも嫌になった。一番仲の良い友達も同じだった。今思うとその友達の影響を少なからず受けていたと思うが、その頃は何も見えていなかった。その友達は結局学校を辞めてしまった。私たちは2人だけでたくさんのことを話したし、悩み、笑った。学校も休みがちになったその友達に周りの友達は「がんばって」とか「学校にきて」とか言っていた。でも、私はそうは言わなかったし、言えなかった。私は彼女の気持ちがとてもよく分かったし、分かり合えている自信もあった。傷の舐め合いだと周りから言われたりもしたが、そうは思わなかったし真剣だった。私はその友達に「無理しないで。がんばろうと努力しているの分かるから」と言った。後から彼女からもらった手紙には、そのときのその言葉が嬉しかった、救われたと書いてあった。だから、このＨＰを読んだときすごくよく分かったし、納得できた。「人間は頑張りたくても頑張れないときが必ずある」という一文に救われた気がした。

　「人は変われるか？」の項目は特に興味深かった。私は変わりたいと思いながら生活している。自分の意志の弱さや人を思いやる気持ちの弱さのせいで自分の大切な人を傷つけてしまった。そんな自分が嫌で嫌でたまらなくて、毎日毎日少しずつでも変わる努力をしようと決意した。自分がその立場だったらとか、これをすれば相手は嬉しいんではないかとか考えながら行動できるようになりつつある。家族や友達に対しても同じだ。ＨＰに書いてあったように、私は自分の成長に気長に時間をかけようと思う。力んで変えようとしても、経験や時間の蓄積とも言える自分はそう簡単には変わらない。「少しの変化が出た

ら周囲の反応が変わる」とは全くその通りだ。力が湧いてくるし楽しくなる。「人間が変わらなくなったとしたらそれは死ぬときである」。この言葉でさらに自信を持てたし、これからも楽しく変われそうな気がした。

「出会い」いうのはとても素晴らしいと思った。人との「出会い」、ものとの「出会い」、考え方との「出会い」。これからもいろいろな「出会い」を体験していきたい。

10．2　1年生ERさん

　出会いにより「新しい自分」を発見することもあると思う。ＨＰでは、「新しい自分」を発見するキーワードとして、「破壊」「模倣」「努力」の3つを挙げているが、私はこれに「出会い」という言葉を付け加えたい。というより、この3つの事柄は、「出会い」ということがあって初めて成り立つものである。

　このＨＰで一番共感できたのは、この「新しい自分に出会う方法」であった。ここに書いてあるアドバイスを中学のときに試して効果を挙げられたからだ。私はそのとき独占欲が強かったため、仲の良い子としか遊ばず、その子が他の子と遊ぶことも嫌っていた。そのため、周りだけでなく、仲の良い子ともぎくしゃくした関係になって、一時仲間外れの状態になってしまった。そのときは、自分自身ももの凄く傷ついて精神的にまいってしまった。しかし、そのことがあったため、自分を見つめ直し、独占欲が強くわがままな自分を変えようとしたため今の自分があると思う。もし、あのとき「その性格は良くない！」と指摘してくれる友達に出会わなければ、もっといろんな人を傷つけていたかもしれないし、私自身もっとひどい目にあっていたかもしれない。

　私は自分の悪いところを素直に認め、独占し過ぎるところを少しずつ避けるようにしたのである。そうはいっても、すぐにできるわけではないので、毎日意識して人と接触することから始めた。今まで我慢してなかったところを少し我慢するとか、自分の意見を押し通すことを控えて、もっと他の人の意見を聞くようにしていると、何となく自分が変わったような気になった。自分でもの

ごとを決めつけることをやめると、自分のいろいろな部分を認め、広い視野から物事を見られるようになったと思う。確かに、自分の殻を捨て去ることは容易ではないし、勇気が要る。まさにＨＰに書いてある通りである。常に自分はこうありたいという目標のようなものを持っていれば、今まで気にしていなかったことにも自然と目が行くし、自分の殻を打ち破ろうとするエネルギーのようなものも生まれてくる。私はこのことを経験したので断言できる。

10.3　1年生ＭＷさん

　ＨＰの「頑張らない人生」の中の「頑張れ！　というのはだめで、全く励ましになっていない」というところに共感を持った。私も常々そう考えていた。精一杯やっている人に向かって「頑張れ！」というのは励ましにならないばかりか、むしろ逆効果ではないかと考えていた。高校のバスケットの部活では走る練習が多く、毎日とてもつらかった。できないときは、やり直しをし倒れそうになることも多かった。そんなとき、応援というのがとても大きな影響を与えると思う。仲間から「ナイスファイト」「よく頑張ったね」と言われると、もっと頑張ろうと思えたし、もう限界だと思える以上に頑張れた。逆に、「がんばれ」「もっとできるよ」と言われると、「頑張っているんだよ」とか「やっているんだよ」と思い、イライラしてしまった。もし自分が手を抜いてやっているのなら反省するが、自分の力を出し切っているのに、それでも「頑張れ！」という言葉はふさわしくないと思った。

　また、センター入試の1か月前は、1日14時間程度勉強していた。そんなとき、何も知らない父に朝に夕に「頑張れ！」と言われていた。この父の言葉は何の力にもならなかったし、むしろ嫌な気分にさせた。「頑張れ！」という言葉はとてもいい言葉だが、使い方次第で本当に人に嫌な気分にさせるのだと実感した。だから、私が教師になったときに、状況を見極めて、その人が今欲しい言葉をかけられるように考えている。今までは、ぼんやりとそう考えていただけだが、このＨＰを見て確信することができた。

次に私が注目したのが「人は変われるか？」という場所である。私自身もこの自分を変えたいと思っている部分がある。しかし、この18年間で身につけてしまっているので無理かなとも思っていた。しかし、このＨＰには、人は変われると書いてあり、嬉しくなった。そして、「考え方が変われば行動が変わる。行動が変われば習慣が変わる。習慣が変われば性格が変わる。性格が変われば人生が変わる」という言葉は大好きになった。少しずつでも変えていけば、最後には人生も変えられるなんて凄い考え方であると思う。私も変えたいと思っているだけでなく、ちゃんと行動に移したい。そして、いずれは自分の人生も変えられたらなと思っている。自分が教師になったとき、学級崩壊やいじめが起きたとしても、生徒だけのせいにするのではなく、「自分が変われば生徒が変わる」という言葉を思い出して、自分のことも見つめ、より向上していきたいと考えている。変化するということは難しいと思うが、行動に移せばできないことはないのだと思えた。

このＨＰは、どれも何となくは分かっているが、実際に文章にしてもらうとなるほどと思うものばかりであった。こういう考え方が心の隅にでもあれば、自分の考え方、物の見方、行動が良い方に変わっていくのではないかと思った。

10.4　1年生ＲＫさん

このＨＰを見て、私が明文化して欲しいものに非常に近いものを感じました。特に、「新しい自分の発見」は興味深かったです。私は大学に入ってたくさんの人に出会い、今までに知らなかった新しい自分を発見しました。その新しい自分を発見する過程で、「破壊」「模倣」「努力」が確かにありました。私は自我に目覚めてから大学に入るまで、友達に悩みを相談することがありませんでした。自分の内面的な問題を他人に打ち明けることに大きな抵抗を感じていたのです。その根拠は他人に自分の内面的な情報を与えることは自分の弱さを見せることだと思い込んでいたからだと思います。それは、同時に自分自身にも

自分の弱さを見せつけることで、だから嫌だと思っていたのです。しかし、それはＨＰの言葉を借りれば、自分の殻に閉じこもっていただけなのです。大学に入ってたくさんの人に出会い、いろいろな話をしました。その結果、誰かに悩みを聞いて欲しい、私のことを分かって欲しいという衝動が生まれました。しかし、その衝動に従うことは今までの自分のやり方を否定する、つまり「破壊」しなければなりませんでした。悩み、考え抜いた末、私は「破壊」を実行しました。それにより、私は自分の弱さを正面から受け止めることができ、人と内なる話をすることにより、自分の気づかなかった一面、新しく付け加わった一面を発見することができました。とまどうこともありますが、新しい発見は自分にとって有意義で、かつ嬉しいことが多いです。

　中でも最も嬉しい発見は、人を好きになるという感情が芽生えてきたことです。私は大学に入るまで、とても仲のいい友達がいてもその子のことを好きになるということはありませんでした。しかし、今は大好きな人がたくさんいます。大切な友達だと心から言えます。こんなに嬉しい発見ができたのは、大学でたくさんの人、出来事に出会えたからだと思います。出会いはすべて嬉しいものに繋がるわけではないでしょうが、どんなものにでも出会えることは素晴らしいと思います。

10．5　1年生ＹＨ君

　ＨＰ全体を読んで思ったことは「頑張らなくてもいいんだ」ということだった。僕は何事においても力を抜くことができない性格なので常に疲れている。人がだらけているのを見ても別にどうとも思わないけれど、僕はどんなつまらないことにもだらけない。だらけることができないのである。僕は小さい頃からグループの中でリーダーの役割をしていた。僕が頑張れば、皆も頑張ってくれると信じていた。しかし、実際はそうではなかった。僕1人があまりにも頑張り過ぎるために、周りの人たちがついてこれなくなったのだ。仲間の「輪」というものを考えていなかったためにグループのバランスを崩してしまった。

今になってみればそんなことは分かるのだが、当時の僕は人のことを考えている余裕はなかった。人生は50m走のようにいつでも全力疾走していなければならないといつの間にか勝手に思い込んでいた。

　しかし、あるとき事件が起きた。それはある友人との出会いだ。彼は人の目からするとあまり頑張っているような人ではなかった。昔の僕だったらこんな人と仲良くなろうとは思わなかったが、話をしていくうちに実はちゃんと頑張っている人であることが分かった。あるときその友人に「どうして人前では頑張らずにこっそり頑張っているのか」と尋ねてみた。するとその友人は「お前は誰かに頑張ってるねと言ってもらうために頑張っている。そんなのつまらないと思わない？　それにいつも100％の状態でいたらいつか電池切れしちゃうだろ。だから俺はやるときはやる。やらないときはやらないと決めているんだよ」と笑顔で語った。

　そのとき僕はものすごくショックだった。今まで考えていたことが音をたてて崩れていくようだった。「電池切れ」という言葉が頭から離れなかった。確かにそうだ。人生は50m走なんかではなくマラソンのように果てしなく長い道のりなんだ。そんな長い道のりを僕は50mを走るかのように考えていたのか。そのとたん、彼のようにメリハリをつけるというか本気モードのon/offができる人が羨ましくなった。それ以来、僕も彼のようになろうと努力したけどうまくいかなかった。それでこのＨＰの文章を見て、どうしたら人は変われるかということを知ることができたので、今度こそ友人のようにメリハリをつけられそうな気がした。

　そして次に思ったことは、頑張り過ぎると「電池切れ」を起こしてうつ病になってしまうこともあるということだ。僕の友人にも何人かうつ病になってしまった人がいる。彼らは僕のように、いや僕以上にすべてのことに対して全力で取り組んでいた。しかし、あるときに電池切れを起こしてしまい、どんなに頑張っていても、人からはそれ以上の頑張りを期待されてしまったために疲れが大波のように押し寄せたのだ。彼らと話して思ったのは「頑張れ」という言葉は諸刃の剣だということだ。普通の人なら「よし頑張ろう」と思うけれども、うつ病の人たちは「これ以上頑張れと言うのか。僕はもう精一杯頑張ってきた

よ」というふうに思うらしい。僕もうつ病の人たちの気持ちが分かるような気がした。だから僕も必要以上の期待はされたくないので、人にも必要以上の期待はしないようにした。

　3つ目に思ったことは、「世の中はギブ＆テイク」というけれども一体ギブの方がうれしいのか、それともテイクの方がうれしいのかということである。普通ならばテイクの方がうれしいと思うのだが、実はギブの方が幸せではないかとふと思うようになった。人から物をもらったり何かをしてもらったりするとうれしいけれど、今度はその人に何かをしてあげねばとプレッシャーになる。逆に、人に何かをしてあげた場合、人に喜んでもらえるし、プレッシャーなどないから受けるより与える方が幸せではないかと僕は思う。

　全体を通して分かったことは、頑張り過ぎないでたまには人に頼っても良いということだ。なぜなら人は1人では生きていけないからだ。仲間と共に生きていくからだ。そのことに気づかせてくれたことを感謝したいと思う。

10.6　2年生EMさん

　私は学校が好きではありません。毎日「ブルーな気持ち」で通っています。今さらこんなことを言うのはおかしいと思うのですが、私は別の大学に行きたかったし、教師になりたいと思ったこともないのです。だから、私は毎日あまり深く考えないようにして学校にきていました。

　このHPを見ていろいろ考えてしまいました。「自分が変わらないと何も変わらない」この内容にドキッとしました。1年間「つまんない……」と思い続けた自分を変えていかなくては、これからも「つまんない……」生活は変わらないのかもしれません。「変われた自分」から見える毎日は曇りのない明るい毎日なのでしょうか。私もどうにか変わっていきたいと思います。

　精神科医の高橋和巳氏の「人が人生の解釈を変えるときに人は変わる」という部分に私は感銘を受けました。確かにその通りです。私はネガティブな方向に「人生の解釈」を変えてしまったように思います。今思い返してみると、私

はもっと明るい人間でした。そんな過去の私を支えていたのは「成績」でした。とにかく、自分が目標点に達すること、5をたくさんとること、A判定をとることで精神のバランスをとっていたのです。それまで、自分と人と比べて暗くなったりしたことはありませんでした。人と比べて点数が負けていてもそんなに気にしませんでした。それが、自分の入りたかった大学に落ちてからそんな自信も明るい考え方も忘れてしまっています。このことで「人生の解釈」が変わってしまったと思います。今までの自分の自信のもととなっていた「成績」や「点数をとるための努力」というものは何と脆いものだったのでしょう。こんなに脆いものを自信としてきた私も幼かったのでしょう。こんな幼さに気づかせてくれた人生の失敗（大げさですが）は、実は私にとって大切な出会いなのかもしれません。

　今の自分を支えてくれる自信は何もありません。これからの大学生活の中で自分から進んで何かと出会わなければならないのでしょう。私はこの大学であらゆる「出会い」を拒絶してきたように思います。煩わしいことに首を突っ込むのは嫌だったからです。私が大学生活を楽しめないのはこのような理由もあるでしょう。しかし、私にとって「変わろう」とするよりも「出会おう」と自分から動くことの方が難しいのです。自分から話しかけるのは苦手、心を開くのもなかなかできない。こんな自分ではなかなか「出会い」はありません。

　「出会い」をつくるためにも私の場合は変わらなければならないようです。少しずつ自分を変える努力をしていきたいと思います。

10.7　3年生MH君

　「どのような人間を目指すのか」とHPにあったが、そんなことを考えたこともなかった。これを読んでもいまいち、どうしていいか分からないというのが本音である。何となく分かったのが、楽をして生きるよりも楽しく生きたほうが幸せかなと思うことであった。ただ、その過程でも1人ではなく、人との関わりであることが、「世の中はギブアンドテイクで」から分かった。人生の

中には大変なことがたくさんあることは、この20年間でも少しは分かったつもりなので、そういうときは、「頑張らない人生」でもいいのかと思った。今までの自分だったら何がなんでも頑張ってやろうと考えていたであろう。そう思うともう少し楽しく過ごせそうな気がした。ユーモアって何だろうと考えたが、アクセルやブレーキの遊びに例えると、人生における遊びの重要性が理解できた。また、現状に満足しないで、新しい自分をどんどん発見しないといけないと思った。でも、それはとても大変だと思う。今までの自分を壊していくこともかなり勇気がいるし、孤独に耐えたりする勇気を持つのも大変です。「天才とは努力の継続できる才能」といっているのも印象的です。メジャーリーグで活躍しているイチローの座右の銘も「継続は力なり」だそうで、天才と呼ばれている人は本当に努力家だと思った。人間は変わろうと思えば変われると思います。そうでないと人生面白くないと思います。でも、変わるには日常の些細なことから変わらないといけないと思う。そして、1歩1歩やっていけば新しい世界が広がると思います。

10．8　3年生 AS 君

　このＨＰすべてを読んでの感想と自分の体験を書かせていただきます。初めにドキッとしたのですが、私はこの学校は望んで入ったのではありません。浪人もしましたが、全く勉強する気が起きずに結局センター試験1週間前からしか勉強はしませんでした。中学まではそこそこの成績で、自分では東大くらいはもっと勉強すれば入れるかな？　と思っていました。性格も周りの評価は「真面目」などと悪くはない評価をいただいていました。運動の方も得意で部活ではエースを務めていました。高校も自分で選んで一番行きたい所で、うわさ通りの楽しい学校でした。この学校は自由で気楽な高校で、いじめは起きませんし仲間外れもなくみんな仲良くやっていました。欠点と言えば、1年中文化祭のために活動しているので、たいていの人が浪人してしまうということでした。

順風満帆かと思われましたが、ここら辺から私の今の性格というか本性が出てきた気がします。なんでも自由ですので、ある程度のわがままが通るのです。1年の途中からなぜか今まで真面目にやってきた勉強がとても嫌になってきました。当時はそのことを自分では否定して、「自分はやればできるんだ」と思っていたのです。そして好きな女の子ができてその子とどうやったら仲良くなれるだろうか？　などとばかり考えるようになり、生活に対する集中力がとても落ちました。恋愛以外の事柄はすべてつまらないモノであるという意識ができてしまったのです。今までは自分にはとても気力があり自信もありましたが、たった3年間になくなってしまったのです。簡単に言うとプライドがないのです。誰かに馬鹿にされても笑って済まし、失敗しても後悔しない。「単位を取れなくてもいいや、また来年があるさ、卒業できないかも、まあいいや」という全く未来像が思いつかない人間になっていました。自分の置かれた立場に対する緊迫感が全くなかったのです。それがまずいということは自分では理解しているのですが、どうにもならなかったのです。

　今思うとこれはとても危ない症状だと思います。このような人間が果たしてどのように元に戻れるか？　とも考えたこともあります。「そんなの甘えだ！」という人もいますが、仮に当時の私がそれを聞いても「そうだよね～」などと返事をするだけで痛くも痒くもないのです。どんな忠告も効かないのです。でも今の自分を変えるものがどのようなものかも分かっているつもりでした。それは先生のおっしゃった通り「目標」だと思います。当時の私には目標がありませんでした。今でもあるのかと聞かれると自信を持って答えることはできないのですが、少しずつ見えてきています。目標とやらなければいけないことは違うと思います。例えばこのままじゃだめだ、何とかしないと就職できないという考え方は一見就職が目標のようですが、多分違うと思います。これではやる気は起きません。やっぱりやりたいことがないとだめなようです。今は理想の女性と結婚して、不自由の無い暮らしをするのが私の夢です。そのための就職ならたとえ自分の第1志望の会社でなくても頑張ってやっていけると思うのです。

　物事を本当に理解することはできない、難しいというのが最近よく思うこと

です。「分かっていてもそれをやらなければ分かったことにはならない」という人がいますが、その言葉を真に言える人はそういないと思います。私はここ8年近く分かっていながらできませんでした。今もできません。またできたとしても本当にそれが正解だとは限らないと思います。ただ、この8年間で分かった、また、駄目人間になっているようで少し成長したかなと思えることもありました。それはどんな挫折もプラスになるということです。よく聞くセリフですが、これは肌身で感じました。少し立ち直りに時間がかかりましたが、いろいろなことが分かりました。今も昔も、実は深層心理では負けず嫌いな自分がいることに気がつきました。無気力を装ってたときも自分では「こんなのへっちゃらさ」と思っていたのですが、本当はとても悔しくストレスを感じていたのです。これからは自分に自信を持って生きていくのが目標です。堕落する前もそういった生き方でしたが、この8年の経験を生かし自分のアピールの仕方を変えていこうと思っています。

先生のＨＰを読んで再び確信したことは、人生はただ壁に立ち向かうのではなく、壁の向こう側を目指して行くものだな、と思いました。私も来年やっと卒研を取ろうと思っているのですが、今はバイトが忙しくて単位が取り辛い状況にあります。研究室に行くことによって、どんな分野でも自分にはプラスになるという確信があるので、どこでもいいから研究がしたい！　という気持ちになりました。いまぶつかっている難問もその先をクリアする過程だと思うと頑張れるということも知りました。こうなってくるとあとは本当に気力、体力が必要になってくると思います。気力を養うには厳しいバイトでもまれるのもいい経験だと思います。社会勉強だというお話もありましたが、自分自身を知る勉強としてもとても役に立つと思います。怒りっぽい自分を発見したり、意外に自分の欠点が、叱られて分かったりします。

先生と比べても全く経験のない私が発言するものおこがましいのですが、たとえ全く目標とは違う分野の大学に入ってしまっても、絶対人生には役に立つのだなということです。その学科に目標を見つけられるのがベストだと思いますが、そうでなくてもいい。とりあえずやっとけ！　と後輩たちに言いたいです。そしてやる気が起きなくても、とりあえず生きろ！　と言いたいです。

「目標」は何ですか？　という問いに一人一人が違う答えを言うかもしれませんが、それは「一生を過ごしたい」というのが根底にあるはずですので、それならどんなことでもやっておけばそれは目標に近づく一歩になるのだと思います。

　このレポートは、とても自分の気持ちをまとめるのにいい機会であったと思います。先生が1日の予定をメモするのと同じように、気持ちを形にするととても実感が湧きます。またこのように文章にするとまた読めるので、いいバイブルとなりそうです。

10.9　4年生KRさん

　「楽をすることと楽しむことは違う」ということを初めて感じたのは高校のときであった。吹奏楽部だったので定期演奏会、文化祭、コンクールと行事が目白押しでそのたびに体力的にも精神的にも大変な思いをした。文化祭前はクラスの企画のために早朝から深夜まで準備したこともあった。はたから見たらとんでもない生活だったけれど、終わったときに「楽しかった」と心から感じたのをよく覚えている。

　大学に入ってからもその楽しさは継続している。私は大学祭の実行委員をしている。当日が近くなると、終電や始発で帰宅したり、場合によっては大学で朝を迎える。同居している家族と「お久しぶりです」という挨拶を交わしたこともある。周りの人からすると実行委員などの仕事をしている人間は不思議な存在らしい。「何でわざわざそんなことをやっているの？」という目で見られる。それも一理あるかなと思う。つらさのためにやめていく人もいる。佳境になるとそんなに大きな目的意識を感じている余裕はない。あるのは「やるべき全体」に対して「何をすべきか」という意識、そして時間との戦いである。それでも続けていられるのは、辛さを超えたところにある「楽しさ」「やりがい」を感じているからである。私はこの仕事を通して「本当の楽しさは苦労を経て初めて得られるものだ」と思っている。

「楽しさ」には2種類あると思う。名前をつけると「本当の楽しさ」と「上辺だけの楽しさ」といったところか。ＨＰに載っている「楽しさ」は「本当の楽しさ」になるだろう。それは、夢中になって何かに取り組むこと、苦労して得られるもの、自分自身に確実に何かを得たという実感を与えてくれるもの、そしていつまでも記憶に残るものである。この楽しさを経験すると、自分の底力を感じたせいか前向きな気持ちになりやすくなる。まるで、「千と千尋の神隠し」の主人公が変化していったように。一方、「上辺だけの楽しさ」は「楽をすること」につながっていると思う。それは、その場限りの楽しさ、苦労を避けるもの、私たちがついつい流されやすいもの、そしてそれほど印象に残らないものである。別に、この楽しさを否定するつもりはない。ときには何も考えないで騒いで気分転換することも必要だ。ただ、いつもこの楽しさに流されていると、楽することと楽しむこととが同じ意味になってしまう。ＨＰの言葉を借りると「目的意識がない」まま時間だけが過ぎて行く。今の私たちは苦労しないですむため目的意識が持ちにくくなっている。しかし、その反面何でも挑戦できる利点がある。それをどのように生かしていくかが問われている。

挑戦する態度、それは友人に影響されることが多い。私の周りの友人はみな行動的だ。サークル活動、海外留学、アルバイト、授業をたくさん取っている人……みんな我が道を行く人たちだ。一見ばらばらな集団だが、いざというときのまとまりはすごい。「類は友を呼ぶ」というが本当にそんな気がする。そんな彼らがいたから実行委員会に飛び込むことができた。持つべきものは友、彼らは私の宝物だ。

3種類の「ギブ」の考えはとても興味深かった。得意分野を生かして他人に何かをしてあげることは容易に分かる。でも、自分にこれといった得意分野がなくても、ちょっとした気配りで他人に何かをしてあげることがあることにはなかなか気がつかない。また、何かをしてもらう一方になってしまうことは誰にでもあるが、そういう経験は「人は1人では生きられない」ことを知るためにとても重要だ。私自身、相手に何も返せなかった自分が情けなく感じたこともある。でも、その感情さえも大切なことである。こういったことを将来子どもたちに伝えていきたいと思った。誰にだってできることがあるんだよ、もし

も病気とかになって皆にいろいろとしてもらってばかりになっても、それも大切なんだよと。そのために、まず自分が気配りできるようになっておかねばいけない。自分の今の状態を振り返るのに良いきっかけとなった。

　このＨＰは、今まで自分が何となく感じていたことが言葉になったという感じだった。自分の感覚がはっきりしたと同時に、改めて自分を見直すきっかけになったと思う。

あとがき

　第2部の「学生からの反響」は、千葉大学教育学部、埼玉大学工学部の学生諸君にレポートまたはメールで送ってもらったものを筆者がまとめたものである。両大学とも首都圏にある中堅の国立大学で、どこまで全国の学生諸君の考え方を代表しているのか気になる点である。私立大学や地方大学の学生諸君とはかけ離れた面もあるのではなかろうか？---という懸念もぬぐい去れない。「それは、優等生の持つ考えでしかない」とか、「恵まれた環境にいるからそういう考えが持てるのだ」といった反応もあるかもしれない。

　2000年12月5日付け朝日新聞は、私立大学新設校の1つである西武文理大の学生への徹底した生活指導を伝えている。茶髪、ピアスは禁止。男子の長髪、女子のマニュキュアも禁止だ。それを毎朝教職員が正門でチェックし、違反の場合にイエローカードを出す。学長は「大学1年生は高校4年生。それなのに大人と思い込んでいる大学が多い」と語る。「教育はサービス産業。スポンサーの親が最も期待するのが就職で、その期待にこたえるためにきちんとしつけをし、品質保証をして送り出せるように教育する」として20人ほどのクラスごとに担任の教員が4年間面倒をみる。これ以外に班ごとに教員と上級生の補助学生がつき、レクリエーション、学生生活、人間関係の相談にのるという。これらのやり方に対して、学生の評判も良く、教員陣からも「そこまでやる必要があるのか」という声も聞かれなくなったという。

　このように「できる生徒」だけが大学に進学した時代は終わり、大学の大衆化が進むと共に学生像も様変わりした。大学側は学生への手厚いサポートを余儀なくされている。筆者もそういう流れの中で1泊2日の「新入生セミナー」で新入生諸君とつきあい、授業や研究室でのゼミなど様々な場面で学生諸君とつきあう中で、自分の考え方を明確に学生に伝える必要があると考えるようになった。そして、2001年4月に「大学は出会いの場」という学生向けのメッセージをホームページに掲載したのであった。

　「学生からの反響」は、2001年4月から2002年11月までに寄せられた学生諸

君の文章である。以下に、それらの文章を読んだ筆者の感想を述べてみたいと思う。

「新入生諸君へ」の反響を読んでいて思ったのは、第1志望以外で入学した学生が意外に多いことであった。センター試験で失敗して、泣く泣く志望校を変えた人も多い。受験生心理では、何となく第1志望に入ることが絶対的と思い込むために、人生において大失敗をしたように思いがちなのではないだろうか？　ここで、人によって考え方が大きく分かれる。いつまでも第1志望にこだわり続けながら何もしないでうじうじしている人も結構いると思われる。そういう人には、「ここでやる」か、「再受験する」かの決断をして、新しい歩みを早く始めて欲しいものである。

次に目についたのは、「大学に入れば花の生活が待っている」という受験生の期待である。大学に入ることが目的になっていて、「大学でこれがしたい」ということがないのである。高校までの教育の中で「自分は将来こういうことがしたい」という人生の目標が得にくくなっている時代だなと感じている。というより、ある小学生・中学生・高校生を対象にした「将来の夢」に関するアンケートでは、「夢がないと答える方が格好がいい」とか「夢があると言うと他人をしらけさせる」という回答がかなりの率を占めたという。それは高校までの人間関係の中で「自分がどう思うかより他人を気にする傾向」を示している。また、成績が人間の評価を決定するかのように見えることも問題である。これらのことを総合すると、高校までは、夢を持ちにくい環境のように思える。そういう環境で育った新入生は大学の環境にはギャップを感じると思うが、「大学こそ将来の夢、目標を見つける場所である」と思って、いろいろなことに取り組んでもらいたい。

「学生生活の過ごし方」に関する学生の反響を読んで、高校生までの人間関係のありかたを垣間見たような気がする。「今まで他人の顔色をうかがいながら、みんなが望む自分を精一杯演じていた」という趣旨の文章が多く見られた。これは、日本の小学校・中学校・高校での集団主義とでもいうべき風潮が大きく影響しているように思われる。特に、多くの中学校・高校では生徒が荒れる

ことがあるので管理教育がなされ、生徒はその中で自己を出すことが抑えられる。また成績が生徒を評価するシステムの中で、生徒の人間関係が分断され、自由な自己表現ができなくなっている。ましてや、いじめなどが懸念される環境では、自分を出すよりまず他人に嫌がられない自分を演ずることが日常化する。自分だけが突出すると、みんなからのけものにされるのが怖いからである。もっとも、私立や県立などのエリート高校は例外で、自由な雰囲気のところが多いようであるが。

　そのように自己表現を抑えてきた人間が大学生になって、「さあこれから君は自由だ。自由に自分を表現し、友達を作り、勉学、サークル活動などに取り組みなさい」と言われてもそう簡単にできるものではない。今まで自己を出した経験の少ない人ほど、そのように行動するにはより大きな勇気が要るだろう。人によっては、他者の中に入っていけない自分を発見し、悩みが増える人もいるかもしれない。しかし、自分1人だけで悩んでいても問題は少しも解決しない。同じ悩むなら他者と交わる中で悩む方が収穫があるし、自分がどういう人間であるかが見えてくる。そのうち他者との関係のとり方が分かってくるものである。

　「どのように学ぶのか」に関して目立った反響は少なかった。これは、反響を寄せてくれた学生が1、2年生が大部分で、受け身の姿勢で学んでいることが要因の1つであろう。その中で目についたのは、自分にとって学ぶことの意味が希薄なまま4年生になり、卒論に取り組んで初めて学ぶ意味が分かったという感想であった。筆者は、卒論で学ぶ意味を体得した学生が大学院に進学して大きく伸びていく例をいくつか見てきた。そういう学生は社会に出てからも伸びていくであろう。

　「将来の進路をどのように見つけるのか」に関して、3年生からの反響が多かった。やはり、人間は身近に問題が迫ってこないとなかなかそれを考えられないことを示している。それでもまだ方向が決まっていない人にとっては、「自分とは何なのか、どういう人間なのか、なぜ大学にきて勉強し、なぜ就職するのか」を考えるようだ。それは進路を決めるときの基礎としてあるからである。そして、もう少し考えたいから進路の決定は先に延ばしたいと考えるよ

うだ。しかし、人間は身近に問題が迫っているから考えられる。問題を先に延ばすのではなく、決断できる材料を普段から考え、用意して欲しいものである。

「どのような生き方を選ぶのか」に関して意外と多くの学生からの反響があった。これは、今の若者が書物を読まなくなり、人生を深く考えることがなくなったかのように言われるが、必ずしもそうではないことを示しているように思う。今の大学生は、消費文化が花開いた1980代に生まれ育ち、1990年代にバブル経済崩壊を経験し、2000年代に入っても先が見えない日本の社会の中で成長した。これは、今までの目標が目標でなくなり、多様な価値観と多過ぎる情報と閉塞感のある社会の中で生きていかねばならない今の若者の生きにくさを示しているようにも思える。

　日本社会は、バブル崩壊以来の不況が長く続き、会社ではリストラが進行し、失業率が増加し、若者の就職もままならない状態が続いている。教育現場では、いじめ、不登校、学級崩壊などの深刻な状況があり、授業をまともに聞いていない児童・生徒が増加している。大学では、学生の意欲の低下、学力低下、レジャーランド化が嘆かれている。また、結婚しない若者が増え、離婚率も増加し、少子化はますます進んでいる。日本社会はどうしてこうなったのだろうか？　これらの現象に対して、親の育て方が悪い、教師が悪い、学校が悪い、教育制度が悪いと指摘され、教育改革が叫ばれている。それは、どこかの部分を改善すればすぐに良くなるという単純なものではない。現代の日本の社会および日本の文化がトータルに問われていると言える。

　その問題の背景には、日本人が今までに経験したことのない物質的な豊かさを持っていることがある。例えば、筆者が子どもの頃にはなかったクーラー、カラーテレビ、自動車、携帯電話などがあるのが当たり前になり、それなしの暮らしは考えられなくなってきている。街では、子どもがぐずったりすると、親がすぐお菓子を与えたりするのを見かける。本当は子どもは親の愛情を求めてぐずっているのに、ものを与えることによって一時しのぎをしているように見える。貧乏であれば、そんなことはできない。生活のために親が必死で働いている姿を見て育った筆者の時代は、もっと豊かになりたい、そのためには勉

強しなければならないと思った。

　今はそうではない。消費が増えればGDPを押し上げ経済を活性化する。消費することは良いことだいう文化が定着している時代である。消費文化は「現在の幸せをとことん追求して構わない」というメッセージを流し続けている。不況とデフレが進行する環境下にあっても消費文化は生き続けているのである。かくして、若者は未来のために現在を備えるのではなく、現在の状態がどこまでも続くことを期待する。

　「どのような生き方を選ぶのか」では、「もの中心の文化」の行き詰まりを指摘し、そこからの脱却を学生に問うたとも言える。特に「楽をするのか、楽しくするのか？」は、彼らが身につけてしまった消費文化の影響をどのように自覚的に克服するのかという問いでもあった。「ギブアンドテイク」「ユーモア」「頑張らない」「爽やかな人」「新しい自分」などのキーワードで述べたのは、「もの中心の文化」の彼方に新しい地平を見いだして欲しいとの期待であった。学生たちの反響を読みながら、新しい芽がいくつか出つつあることを感じさせてくれた。そういう芽が育って、「もの中心の文化」から「こころ中心の文化」への転換が少しずつでも進んで行くことを願うものである。さらに、もう1つキーワードを付け加えるとしたら「自分らしさの追求」である。他人と同じでないと不安に思うのではなく、自分に合った生き方をそれぞれに歩き始めることが大切なのではないだろうか？　「お互いに違いを尊重しながら認め合う」……そういう関係を作って欲しいものである。

■著者紹介

稲場　秀明（いなば　ひであき）
　1965 年　横浜国立大学工学部応用化学科卒業
　1967 年　東京大学工学系大学院工業化学専門課程修士終了後
　　　　　ブリヂストンタイヤ(株)入社
　1970 年　名古屋大学工学部原子核工学科助手、助教授を経て
　1986 年　川崎製鉄(株)技術研究所主任研究員
　1997 年　千葉大学教育学部教授
　2007 年　千葉大学教育学部定年退職（工学博士）
　　　　　e-mail:hsqrk072@ybb.ne.jp

主な著書
「氷はなぜ水に浮かぶのか」科学の眼で見る日常の疑問（丸善、1998）、「携帯電話でなぜ話せるのか」科学の眼で見る日常の疑問（丸善、1999）

大学は出会いの場
―インターネットによる教授のメッセージと学生の反響―

2003 年 4 月 10 日　初版第 1 刷発行
2008 年 10 月 20 日　初版第 2 刷発行

■編　著　者───稲場秀明
■発　行　者───佐藤　守
■発　行　所───株式会社　大学教育出版
　　　　　　　〒700-0953　岡山市西市 855-4
　　　　　　　電話 (086)244-1268㈹　FAX (086)246-0294
■印刷製本───サンコー印刷㈱
■装　　丁───ティーボーンデザイン事務所

Ⓒ Hideaki Inaba 2003．Printed in japan
検印省略　　落丁・乱丁本はお取り替えいたします。
無断で本書の一部または全部を複写・複製することは禁じられています。

ISBN978 − 4 − 88730 − 518 − 2

好評発売中

自己発見とあなたの挑戦
―大学生活をリッチにする入門講座―

小野良太　著
ISBN4-88730-690-3
定価 1,890 円(税込)
専門知識や就職への切符を得ること以上に大学4年間を豊かに過ごすための入門書

学生・院生のための研究ハンドブック

田代菊雄　編著
ISBN4-88730-437-4
定価 1,575 円(税込)
大学の演習授業で研究発表を進めるにあたって必要な知識や技術を学ぶ

創造性を育てる学習法

中戸義禮　著
ISBN4-88730-438-2
定価 1,680 円(税込)
創造性・知性・主体性・人間性といった"心"を育てる方法を明らかにする